Christiane Holler

Geheimnisse der Klosterküchen

Christiane Holler

Geheimnisse der Klosterküchen

Mit Fotografien von Barbara Krobath

Die Verwertung der Texte und Bilder, auch auszugsweise, ist ohne Zustimmung des Verlags urheberrechtswidrig und strafbar. Dies gilt auch für Vervielfältigungen, Übersetzungen, Mikroverfilmung und für die Verarbeitung in elektronischen Systemen.

ISBN 978-3-86214-035-0

© 2011 Genehmigte Lizenzausgabe für die Allpart Media GmbH
© 2010 Kneipp Verlag GmbH & Co. KG, Lobkowitzplatz 1, A–1010 Wien

Umschlaggestaltung: Grafik & Design Rosa Wellhöfer, Augsburg
unter Verwendung von Fotos von Fotolia.com
Fotos: Barbara Krobath, ausgenommen: S. 123 David Kalb

Druck und Bindung: Salzland Druck, Staßfurt

Ein Verlagsverzeichnis schicken wir Ihnen gern:
ALLPART MEDIA GmbH, Neue Grünstr. 18, 10179 Berlin
Tel. 01805/309999 (0,14€/Min., Mobil max. 0,42€/Min.)

Die Bücher der ALLPART MEDIA werden vertrieben von der
Eulenspiegel Verlagsgruppe. **www.allpart-verlag.de**

Inhalt

Ein paar „Kochanleitungen" vorweg 7
Herrn Benedikts mahnender Zeigefinger 9

Am Morgen
Am Morgen 14
Das warme Frühstück 16
Frühstücksbuffet einmal anders 20
Frühstück für festliche Tage 23

In der Mitte des Tages
In der Mitte des Tages 30
Mit klösterlichen Suppen durch das Jahr 32
Herbstliche Gemüsesuppen 36
Klösterliche Hauptspeisen für alle Tage 39
Der dritte Gang – die Nachspeise 59

Süße Leckereien mit Geschichte
Süße Leckereien mit Geschichte 66
Zwei süße Getränke zum Dessert 74

Fastenspeisen
Fastenspeisen 80
Gemüsespeisen 83
Aus der Reste-Küche 88
Klösterliche Fischrezepte 92

Festtagsspeisen
Festtagsspeisen 102
Persönliche Schmankerln 104
Festtags-Fisch 124

Kuriose Speisen – Von Heiligen, Kirchen- und Höllenfürsten
Kuriose Speisen 130

Am Abend
Am Abend 140
Warmes Nachtmahl 142
Was vom Tag übrig ist: „Reste-Essen" 156
„Kaltes Abendessen" – „Schnelle Küche" 159
Ein paar Speisen für das festliche Abendessen 164

Glossar 170
Register 171
In diesem Buch vorgestellte Klöster 173

Ein paar „Kochanleitungen" vorweg ...

Die Rezepte im Buch sind, wenn nicht anders angegeben, für vier Personen berechnet.
Bei vielen Speisen steht dabei, aus welchem Kloster sie stammen, aber nicht bei allen. Diese Speisen sind „typisch" für den klösterlichen Speiseplan und kommen in verschiedenen Klöstern auf den Tisch.
Manchmal ist es auch so, dass die Köchin bzw. der Koch zwar die Speise, aber kein detailliertes Rezept angibt, weil beide oft nicht „nach Rezept" kochen, sondern „nach Gefühl". Dann gibt es eben keine genauen Mengenangaben, weil die Köchin eine spezielle Rührschüssel oder einen besonderen Kochtopf verwendet hat. Da kommen alle Zutaten hinein, da braucht es keine Waage, das hat die Köchin „im Griff": Ein bisschen von hier und ein wenig von da, dazu noch etwas Mehl und ein paar andere Kleinigkeiten – dies alles gut verrühren und fertig. Gerade in kleineren Klosterküchen wird auf diese alte, praktische Weise gekocht. In diesen Fällen habe ich den Rat meiner Mutter Helene Holler eingeholt. Sie hat viele Jahre in ihrer kleinen Gaststube ihre Gäste bekocht und hat mich mit Hinweisen und Tipps unterstützt. Auch die Aufzeichnungen unserer alten Tante Käthe, die in einer Konviktküche gearbeitet hat, haben mir weitergeholfen.

Ein herzliches Danke möchte ich all den klösterlichen Küchenmeistern und Stiftsköchinnen sagen, den Nonnen und Mönchen, den Küchenchefs und -chefinnen der Klosterschenken, die sich Zeit genommen haben und mir einen Blick in die köstlich duftenden Töpfe ihrer Klosterküchen gewährt haben.
Ohne ihre Unterstützung wäre dieses Buch nie zustande gekommen.
Und zuletzt noch ein Hinweis:
Meine Mutter war auch so freundlich, viele der Rezepte auszuprobieren und mich auf diverse Mängel, wie sie beim „Nacherzählen" auftreten können, aufmerksam zu machen.

Damit sollte einem „unfallfreien" Nachkochen nichts mehr im Wege stehen.

Gutes Gelingen wünscht Christiane Holler

❊ Aus dem „Sonnengesang" des Bruder Franz von Assisi ❊

*Gelobt seist Du, Herr, mit all deinen Geschöpfen,
besonders dem Herrn Bruder Sonne,
er ist der Tag und du spendest uns das Licht durch ihn.*

*Und schön ist er und strahlend in großem Glanze,
von Dir, Höchster, trägt er den Sinn.*

*Gelobt seist Du, Herr, für Schwester Mond und die Sterne,
am Himmel hast du sie gebildet,
hell leuchtend und kostbar und schön.*

*Gelobt seist Du, Herr, für Bruder Wind und für Luft und Wolke und heiteren Himmel und jegliches Wetter,
wodurch Du Deine Geschöpfe erhältst.*

*Gelobt seist Du durch Schwester Wasser,
gar nützlich ist sie und demütig und kostbar und keusch.*

*Gelobt seist Du, Herr, für Bruder Feuer,
durch den Du die Nacht erleuchtest,
und schön ist er und fröhlich und kraftvoll und stark.*

*Gelobt seist Du, Herr, für unsere Schwester,
die Mutter Erde,
die uns erhält und leitet
und manche Früchte hervorbringt
nebst bunten Blumen und Kräutern.*

Herrn Benedikts mahnender Zeigefinger

Es ist schon geraume Zeit her, da pochte ich auf der Suche nach klösterlichen Rezepten an die Tür des Stiftes Geras im niederösterreichischen Waldviertel. Der Prior des Prämonstratenserstiftes, Herr Benedikt, ist ein würdiger Nachfolger des legendären Kräuterpfarrers Weidinger als Spezialist für Kräuter- und Gesundheitsfragen. Er pflegt eine enge Beziehung zu allem, was wächst und gedeiht auf dieser wunderbaren Erde, und ist außerdem im Kloster für den Speiseplan zuständig.

Auf meine Frage nach speziellen Klosterspeisen runzelte Herr Benedikt die Stirn und meinte streng: „Sie wissen aber schon, dass wir hier im Kloster nichts anderes essen als die Menschen draußen auch?"

Seit ich begonnen habe, für dieses Buch Klosterküchen zu besuchen und Rezepte zu sammeln, ist kein Tag vergangen, an dem ich nicht an diesen Satz des hochwürdigen Herrn Prior gedacht habe.

Im Grunde hat er natürlich Recht. Im Kloster wird gegessen wie anderswo.

Es gibt Gesundes und Deftiges, Fleischkost und Vegetarisches, karge Speisen und üppige.

Morgens, mittags und abends.

In manchen Klosterküchen wird gerade für fünf Personen gekocht, in anderen für 150. In der einen Küche bekocht eine Nonne neben ihrer Arbeit als Therapeutin die Mitschwestern, in der anderen sind an die sieben Köchinnen tätig. Es gibt Klosterküchen, da helfen die Schwestern beim Kochen, und andere, da dürfen die Patres die Küche gar nicht betreten, weil es das Lebensmittelgesetz, dem diese großen Küchen unterliegen, nicht erlaubt.

Klosterküche ist also nicht gleich Klosterküche. Die kulinarische Versorgung in den einzelnen Klöstern kann so verschieden sein wie die privaten Küchen einzelner Haushalte auch: Alle Klosterküchen auf einen Nenner zu bringen, wäre wie die Küche eines Selbstversorger-Bergbauernhofs auf 1500 Meter Seehöhe mit der Küche einer berufstätigen

« Kloster Habsthal

Frau in der Stadt, in der häufig Fertiggerichte auf den Tisch kommen, gleichzusetzen. Das wiederum ist im Kloster anders.

Die Architektur der Küche sieht im Prinzip in jedem Kloster schon sehr ähnlich aus.

Es sind große Küchen mit zum Teil sehr großen Öfen, stabilen Arbeitstischen aus Vollholz, denen man ansieht, dass auf ihnen über die Jahrzehnte und manchmal auch Jahrhunderte viel zubereitet worden ist.

Die Kücheneinrichtungen der Klöster waren in früheren Jahrhunderten vorbildlich, oft sogar sehr vornehm. Heute sind viele Klosterküchen „alte" Küchen, blitzsauber und liebenswert.

Wenn Herr Benedikt Recht hat und im Kloster „auch nicht anders" gegessen wird – wozu dann überhaupt dieses Buch?

Weshalb interessieren wir uns dafür, was hinter Klostermauern gekocht wird?

Wer je eine Klosterküche betreten hat, ahnt, was uns dorthin zieht: Es ist das Eintauchen in eine andere Welt. Da betrittst du eine Küche, die rundum von dickem Mauerwerk umgeben ist und über der wie der Himmel ein Gewölbe ruht. Da gibt es alte, mit Holz zu beheizende Herde, die zwar oft nicht mehr in Betrieb sind, die aber nie herausgerissen wurden. Da steht in der Mitte meist ein großer Arbeitstisch, der ist von allen Seiten zugänglich, an dem kann man Teige kneten, hauchdünne Strudelteige ausziehen und ellenlange Apfelstrudel zubereiten. In diesen Küchen ist einfach Platz. Da kann man arbeiten und sich bewegen, sie sind meist ein „kleines Reich" für eine Köchin, wie man es heute nur mehr aus Märchenbüchern kennt. Oft gibt es auch noch eine Sitzecke mit einem großen Tisch, wo das Küchenpersonal nach getaner Arbeit essen kann oder ein bisschen ausruhen und plaudern. Und wenn man großes Glück hat, wird man von der Köchin an diesen Tisch zum Essen eingeladen.

So eine Klosterküche ist etwas ganz Besonderes. Was dort zubereitet wird und auf den großen Esstisch des Refektoriums – so heißt der klösterliche Speisesaal – kommt, muss wirklich gut sein.

Und wer in so einer Küche kochen darf, der muss auch kochen können. Richtig kochen, mit allem, was dazugehört. Mit praktischer Hand und Geschicklichkeit und Freude, wenn es im Topf brodelt und in der Pfanne schmurgelt. Was die Klosterköche und Köchinnen darüber hinaus noch beherrschen, ist die Kunst, alt und neu zu verbinden. In den ehrwürdigen Klosterküchen wird zeitsparend und modern gearbeitet und nach den Erkenntnissen der modernen Ernährungslehre gekocht – nicht abgehoben, sondern praktisch, handfest und gesund.

Grund genug, dem Duft der Klosterküchen zu folgen, sacht die Deckel der Töpfe hochzuheben und neugierige Blicke hinein zu tun.

Aber das ist beileibe noch nicht alles.

> ❋ *Aus dem Alten Testament* ❋
>
> *Ein jegliches hat seine Zeit, und alles Vorhaben unter dem Himmel hat seine Stunde:*
>
> *Geboren werden hat seine Zeit, Sterben hat seine Zeit;*
>
> *Pflanzen hat seine Zeit, Ausreißen, was gepflanzt ist, hat seine Zeit;*
>
> *Töten hat seine Zeit, Heilen hat seine Zeit;*
>
> *Weinen hat seine Zeit, Lachen hat seine Zeit;*
>
> *Klagen hat seine Zeit, Tanzen hat seine Zeit ...*
>
> **Buch Kohelet 3,1–4**

Für alles gibt es eine Zeit

Wir führen ein hektisches Leben. Wir glauben Zeit sparen zu müssen, und versuchen möglichst vieles gleichzeitig zu tun. Essen zählt zu den Tätigkeiten, die wir mit Begeisterung „nebenher" machen. Nur allzu gern schieben wir Speisen zwischendurch im Stehen in den Mund. Es ist erstaunlich, wie und wo wir uns ernähren. In modernen Autos gibt es bereits fix installierte Vorrichtungen, wo Teller und Becher abgestellt werden können. Ist man unterwegs, hält man Pizzaschnitte, Schnitzelsemmel, Hot Dog oder Kebab in einer Hand, das Lenkrad in der anderen, nimmt von Zeit zu Zeit einen Schluck aus der Plastikflasche und zum Abschluss Coffee to go aus dem Pappbecher – bloß keine Zeit für eine richtige Mahlzeit vergeuden. Und wer zum gehobenen Management gehören will, lädt zum „Arbeitsessen": ein fragwürdiger Genuss in gar nicht entspannter Atmosphäre.

Im Kloster ist das anders.
Im Kloster hat alles seine Zeit.

„Für alles gibt es eine Zeit", dieser Satz stammt aus dem Alten Testament. Er ist weit über 2000 Jahre alt, ein wundervoll poetischer Text über den ewigen Kreis des Kosmos, wo die Menschen kommen und gehen und jeder Augenblick von Gott bestimmt ist.
Wir haben diesen Gedanken im hektischen Alltag beiseite geschoben, die Nonnen und Mönche in den Klöstern leben ihn. Im Kloster ist der Tag geregelt, es gibt Zeiten für das Gebet, Zeiten für die Arbeit und Zeiten für das Essen. Da findet eines nach dem anderen statt, ganz und ausschließlich.
„Essen", sagt Schwester Michaela, die Generaloberin der Marienschwestern vom Karmel, „das heißt ein Mahl halten. Sich gemeinsam zum Tisch setzen, das Gebet sprechen, danken für die Gaben – ein solches Mahl ist eine Begegnung, stärkt die Spiritualität und gibt Körper und Seele Kraft. Nahrung, soll man bewusst wahrnehmen, Essen soll auch Freude bereiten." Und sie mahnt: „Verzweckt das Essen nicht!"

Wie fremd klingt das für uns Vollzeit-Stressler, uns hochtourig laufende HektikerInnen. Uns, deren Ziel noch immer „schneller, höher, weiter und das alles möglichst billig" lautet, nicht bedenkend, wohin die Reise geht. Und doch klingelt es in den Ohren, wenn man die mahnenden Worte der Ordensschwester hört. Leise tönt das Glöckchen, wir können es schon wahrnehmen.
Im Grunde unseres Herzens wissen wir, dass vieles in unserem Leben falsch läuft. Dass das Ziel „schneller, höher, weiter, billiger" bereits unsinnige Dimensionen erreicht hat. Dass wir unser Lebensmotto neu benennen müssen, wenn wir zum Kern vordringen wollen:
Nicht schneller sein, sondern bewusst wahrnehmen lernen.

Nicht billiger produzieren, sondern wertvolle Güter schaffen.
Nicht Zeit sparen, sondern Zeit genießen.
Füreinander da sein, miteinander sein.
Leben, lieben, lachen und essen.

Die Köchinnen und Köche – ja, auch die gibt es – in den Klosterküchen haben eines gemeinsam:
Sie pflegen einen respektvollen Umgang mit Nahrungsmitteln und mit der Natur. Alle kochen „im Jahreskreis", verwenden heimische Früchte und Gemüse und achten darauf, dass der klösterliche Tisch mit den Produkten aus der näheren Umgebung gedeckt wird. In den Klosterküchen wird nichts leichtfertig weggeworfen; da wird Nahrung verwertet, mit Improvisationstalent, ein paar Tricks und einem Quäntchen Zauberei wird aus Resten eine neue Speise oder ein Tisch für die Armen gedeckt. Klosterköchinnen und -köche haben auch angewandtes Talent im sparsam Sein: aus wenigen Zutaten eine gute Mahlzeit bereiten können, darin liegt eine große Kunst. Dafür gibt es an Sonn- und Feiertagen wirklich feine Speisen: einmal deftig, einmal zart und manchmal sogar exotisch. Und darauf freuen sich dann alle.

❋ Aus dem Alten Testament ❋

Ich sah die Arbeit, die Gott den Menschen gegeben hat, dass sie sich damit plagen.

Er hat alles schön gemacht zu seiner Zeit, auch hat er die Ewigkeit in ihr Herz gelegt;

nur dass der Mensch nicht ergründen kann das Werk, das Gott tut, weder Anfang noch Ende.

Da merkte ich, dass es nichts Besseres dabei gibt als fröhlich zu sein und sich gütlich zu tun in seinem Leben. Denn ein Mensch, der da isst und trinkt und hat guten Mut bei all seinen Mühen, das ist eine Gabe Gottes.

Buch Kohelet 3, 10–13

Am Morgen

Das Frühstück, die erste Speise am Morgen, hat ihren Namen vermutlich aus dem klösterlichen Leben erhalten, zumindest in der englischen Sprache ist das zu erkennen. Im Wort breakfast steckt der Ausdruck Fastenbrechen. Mit der ersten Speise des Tages wird das nächtliche Fasten beendet.

Die Zeitspanne zwischen der letzten Mahlzeit des Tages und der ersten am Morgen war in früheren Zeiten oft recht lang. Gegessen wurde so lange es Tageslicht gab, im Winter war der Tag zwischen 16 und 17 Uhr zu Ende. Die Menschen hatten also am Morgen bereits guten Appetit.

Das Frühstück ist eine wichtige Mahlzeit, es hilft dem Menschen, sich in seiner Ganzheit – seelisch und körperlich – auf den Tag einzustellen.

Hildegard von Bingen (1098–1179)

Hildegard war Benediktinernonne und eine heilkundige Frau, manche nennen sie auch Ärztin. Sie war Dichterin, Komponistin, Naturforscherin und Mystikerin und muss eine sehr beeindruckende Persönlichkeit gewesen sein. Für Hildegard war die Welt „beseelt" und sie war tief davon überzeugt, dass alles ineinandergreift. „Alles ist eins", sagt Hildegard. Und meint damit auch die Einheit von Körper, Geist und Seele. Die sogenannte Hildegard-Medizin ist eine alles umfassende Medizin. Es ist faszinierend, dass sich die Erkenntnisse der Hildegard von Bingen aus dem 12. Jahrhundert zum Thema Ernährung großteils mit jenen der Traditionellen Chinesischen Medizin (TCM) decken: altes, tiefes und doch ganz modernes Wissen.

Daher ist es nicht gleichgültig, mit welcher Nahrung man in den Tag startet. Ob das um sechs Uhr am Morgen oder um 11 Uhr am Vormittag ist, ist nicht wichtig. Die berühmte Äbtissin Hildegard von Bingen hat vor etwa 900 Jahren sogar angeregt, das Frühstück erst am Vormittag einzunehmen. Sie wollte dadurch die Spanne zwischen Abendessen und Morgenmahlzeit – „die Zeit des Fastens" – verlängern, um dem Körper eine längere Regenerationsphase zu schenken. Hildegard von Bingen empfiehlt auch eindringlich, den Tag mit einer warmen, gekochten Speise zu beginnen. In den beiden Klöstern der Äbtissin, in Rupertsberg-Bingen und Eibingen-Rüdesheim, war das Frühstück eine „den Körper wärmende" Speise.

❋ *Aus dem Leben der Augustiner-Chorherren des Stiftes Herzogenburg in Niederösterreich* ❋

6.30 Uhr • Laudes (Morgenlob) • Stille • Heilige Messe • Frühstück

Der Tagesablauf in Herzogenburg sieht eine „einfache Ordnung" vor. Die Gemeinschaft trifft sich dreimal täglich zum Gebet, darauf folgt die gemeinsame Mahlzeit. „Stundengebet und Eucharistiefeier sind der Herzschlag des Lebens im Kloster."

Das warme Frühstück

Ein gekochtes Frühstück – das essen heute vor allem jene, die sich nach der Traditionellen Chinesischen Medizin (TCM) ernähren: moderne Menschen, die auf ihren Körper achten. Dieses Frühstück sättigt, gibt viel Energie, vertreibt die Müdigkeit und ist leichter verdaulich als ein Müsli, das nicht gekocht wurde.

Interessant ist, dass das warme, gekochte Frühstück noch vor 100 Jahren die traditionelle Frühstücksmahlzeit war. In bäuerlichen Haushalten war es üblich, den Tag mit einer „Morgensuppe" zu beginnen. Das waren meist dicke Suppen aus Getreideflocken oder -körnern. Meine Großmutter hat auch von einer Milchsuppe und einer Weinsuppe erzählt, in die hart gewordenes Brot hineingeschnitten wurde. Eine warme Morgenspeise wird auch in den alten Märchen erwähnt: der Hirsebrei. In Südtirol und Italien gab es Polenta zum Frühstück, in England Porridge, also Haferbrei.

Bereits im Mittelalter wird aber auch das Frühstück „Morgenbrot" genannt, genauso wie in Bayern noch das zweite Frühstück „Brotzeit" heißt. Diese Morgenbrot-Mahlzeiten waren aber den Wohlhabenden vorbehalten – Brot war teuer und konnte nie so gut sättigen wie der billige Morgenbrei oder die Morgensuppe.

Die Rezepte für das „warme Frühstück" sind jeweils für eine Person angegeben.

Habermus *nach Hildegard*

„Habermus" hat ursprünglich wohl ein „Mus aus Hafer" bezeichnet, also Haferbrei. Breiähnlich soll auch das gekochte Hafermus sein. Im Original wird es aus Dinkelflocken bereitet, man kann aber auch andere Getreideflocken wie Gerste-, Hafer- oder eine Flockenmischung verwenden.

1 kleiner Apfel, 1 Esslöffel Nüsse oder Mandeln, 250 ml Wasser, 30 g Dinkelflocken, 1 Esslöffel Rosinen, 2 Esslöffel naturtrüber Apfelsaft, je 1 Messerspitze Zimt, Bertram, Galgant

Den Apfel mit einem Tuch gut abwischen, entkernen und in kleine Stücke schneiden (auf Wunsch auch schälen), die Nüsse fein hacken.

Das Wasser in einem Topf zum Sieden bringen, in einem zweiten Topf die Dinkelflocken ohne Zugabe von Fett kurz „trocken rösten" – also erhitzen und dabei gut umrühren. Die Flocken werden nun mit dem heißen Wasser aufgegossen, sodass es richtig zischt. Flocken und Wasser zum Kochen bringen und sanft köcheln lassen. Die Kochzeit hängt von der Beschaffenheit der Flocken ab – feine Flocken können schon nach fünf Minuten fertig sein, wenn Sie sehr grobe Flocken verwenden, müssen Sie fürs Kochen etwas mehr Zeit rechnen.

Die gekochten Flocken sollen weich und angenehm zu essen sein.

Nun erst Apfel, Nüsse, Rosinen, Apfelsaft und Gewürze beifügen, zudecken und etwa fünf Minuten stehen lassen.

Wer es besonders süß mag, kann Honig beifügen.

TIPP *Dieses Habermus kann man auch vorbereiten und in der Früh sanft erwärmen. Wer in der Früh zu wenig Zeit hat, kann es für unterwegs mitnehmen. Es schmeckt auch abgekühlt sehr gut, sollte allerdings nur erkaltet, aber nicht kalt sein.*

Dinkelbrei *nach Hildegard*

125 ml Milch, 125 ml Wasser, 1 Prise Salz, 30 g Dinkelgrieß oder Dinkelschrot, 1 Esslöffel Rosinen, 1 Messerspitze gemahlener Zimt, etwas Galgant, etwas Bertram. Zum Süßen: 1–2 Teelöffel Honig

Milch und Wasser salzen und in einem Topf zum Sieden bringen. Den Dinkelgrieß einrieseln lassen, dabei gut umrühren. Auf kleinster Hitze soll der Brei etwa zehn Minuten sanft köcheln. Nun alle anderen Zutaten beifügen, zudecken und fünf Minuten stehen lassen. Der Dinkelbrei soll noch etwas überkühlen und warm gegessen werden.

TIPP *Verwenden Sie einen Topf oder eine Kasserolle, in der sich nichts anlegt!*
Sie können das Rezept auch variieren und nur Milch oder nur Wasser verwenden.
Dieser Dinkelbrei ist auch ein Mittagessen. Dann reicht man dazu Apfelkompott.

> Dinkel ist das beste Getreide, fettig und leichter verdaulich als alle anderen Körner.
>
> Die Seele des Menschen macht es froh und voll Heiterkeit.
>
> **Hildegard von Bingen**

Warmer Frühstücksbrei *aus Körnern*

Der Frühstücksbrei lässt sich aus verschiedenen Körnern zubereiten.
Sie brauchen gekochte Körner – Reis, Hirse, Dinkel. Die Körner sollen sehr weich gekocht sein. Davon eine entsprechende Menge in einen Topf geben, etwas Obst (Birnen oder Äpfel) in Stücke geschnitten, ein paar gehackte Nüsse, eventuell ein paar klein geschnittene Trockenfrüchte und die gemahlenen Gewürze Zimt, Galgant, Bertram und/oder Kardamom hinzufügen. Das Ganze kurz köcheln lassen, bis das Obst weich ist. Etwas naturtrüber Obstsaft gibt die Süße.
Man kann dazu auch die Reste von gekochtem Reis oder Hirse vom Vortag verwenden, selbst wenn er ein wenig gesalzen ist, stört das nicht.

TIPP *Dieses Frühstück hilft wunderbar bei Verdauungsbeschwerden. Besonders gekochte Hirse kurbelt den Stoffwechsel an. Falls Sie Reis verwenden, nehmen Sie bitte Naturreis, der hilft ebenfalls.*

Müsli *im Sinne von Hildegard*

Wenn Sie auf Ihr gewohntes Müsli nicht verzichten wollen, dann bereiten Sie es im Sinne der Ernährungslehre der Hildegard von Bingen auf folgende Weise zu:
Die Flocken abends mit heißem Wasser übergießen, zudecken, bis zum Morgen stehen lassen und dann wie gewohnt weiterverwenden. So zubereitet, wird das Müsli leichter verdaulich.
Vollkornnahrung ist sehr gesund, aber viele Menschen bekommen von den ungekochten Flocken Blähungen.

❋ *Altes Tischgebet am Morgen für die Kinder* ❋

*Fünf Engel haben gesungen,
fünf Engel kamen gesprungen:
der erste bläst das Feuer an,
der zweite stellt das Pfännlein dran,
der dritte schütt das Süppchen 'nein,
der vierte tut brav Zucker drein,
der fünfte sagt: 's ist angericht.*

Iss, mein Kindchen, brenn dich nicht!

Im Kloster Wernberg, in der Nähe von Villach, leben die Mariannhiller Missionsschwestern vom kostbaren Blut. Sie bereiten eine besondere Frühstücksspeise aus Dinkel, den Tolggn oder Talggen. „Tolggn", sagt Schwester Maria Luise, „ist eine alte Getreidespeise, die früher bei den Holzarbeitern sehr beliebt war. Man konnte ihn zu Hause kochen, mitnehmen und hatte eine stärkende, billige gekochte Speise."

Tolggn *(auch: Talggen)*

Die Bereitung des Tolggn besteht aus zwei Teilen: Zuerst macht man den Tolggn-Schrot, aus dem der Tolggn-Sterz bereitet wird. Das Kloster Wernberg übernimmt den ersten Teil der Arbeit und bietet im Klosterladen den fertigen Tolggn-Schrot zum Kauf an.

1. Vorbereitung
Für den Tolggn werden zuerst Weizen-, Roggen- und Haferkörner zu gleichen Teilen gemischt und kurz aufgekocht, dann abgeseiht. Die abgetrockneten Körner verteilt man auf dem Backblech und trocknet sie im Backrohr. Dann kommen die Körner in die Getreidemühle und werden grob geschrotet.

2. Zubereitung von Tolggn-Sterz
1 Tasse Tolggn, 1½ Tassen Wasser, etwas Salz, ein Stückchen Butter

Wasser in einem Topf gemeinsam mit Salz und Butter zum Kochen bringen. Den Tolggn einrühren, gut umrühren und etwa zehn Minuten sanft köcheln lassen. Immer darauf achten, dass sich nichts anlegt. Vom Herd nehmen, zudecken und mindestens zehn Minuten ziehen lassen. Vor dem Anrichten kurz umrühren. Der Tolggn-Sterz besteht aus bröckeligen Stücken (wie ein Schmarren) und schmeckt sehr gut zu Milch, Kaffee, Kakao; auch Marmelade passt dazu.

TIPP *Tolggn-Sterz lässt sich gut für unterwegs mitnehmen, kann kalt gegessen oder sanft erwärmt werden. Er ist auch eine gute Speise für Mittag – dann serviert man dazu Kompott. Gerne wird er auch pikant gegessen – z. B. mit geriebenem Käse bestreut.*

Die Schwestern im Kloster Wernberg bekommen Tolggn jeden Freitag zum Frühstück. Eine gute, Kraft spendende Speise für den Tagesbeginn, die die Schwestern sehr gerne essen. Im Kloster Wernberg wird den Allergikern zuliebe ein reiner Dinkel-Tolggn zubereitet. „Dinkel-Tolggn", so sagt Schwester Herta vom Kloster Wernberg, „gilt auch als Heilnahrung bei Magen-Darm-Beschwerden."

Das Leben im Kloster folgt jahrhundertealten, strengen Regeln, dennoch ist auch hier nichts unabänderlich.
In Heiligenkreuz bei Wien leben Zisterziensermönche nach den Regeln des heiligen Benedikt von Nursia, der im 6. Jahrhundert genaue Anleitungen für das Zusammenleben der Mönche definiert hat. Nach diesen Anleitungen war im Kloster kein Frühstück vorgesehen. Die erste Mahlzeit sollte es erst am Nachmittag geben. Dass im Kloster heute trotzdem gefrühstückt wird, hat mit der modernen Erkenntnis über die Ernährung und den Organismus zu tun, erklärt Pater Karl aus Heiligenkreuz. Er ist der Rektor der dortigen Hochschule und mittlerweile als einer der „singenden Mönche" bekannt, die mit ihren Chorgebeten und Gregorianischen Chören unglaublich erfolgreich geworden sind. „Als ich ins Kloster gekommen bin, gab es zum Frühstück Brot, Butter und schlechten Kaffee", erinnert sich Pater Karl. Heute ist das zum Glück anders.

Frühstücksbuffet einmal anders ...

In vielen Klöstern wird zum Frühstück „Buffet" angeboten. Wer sich darunter das üppige Frühstücksbuffet der Urlaubshotels vorstellt, irrt.

„Buffet" heißt nichts anderes als: Jeder kann sich sein individuelles Frühstück zusammenstellen. Es ist ein schlichtes Buffet. Wenn man sich den klösterlichen Tagesablauf ansieht, kann man sich nur wundern, dass überhaupt Zeit zum Frühstücken bleibt. Gebet, Messfeier, dazwischen Stille, danach Frühstück, und dann geht jede Nonne, jeder Mönch der Arbeit nach – die aber unterliegt ganz normalen Arbeitszeiten. Ein ausgiebiges, ruhiges Frühstück hat da kaum Platz.

Frühstück im Stift Herzogenburg

Frau Eva, Stiftsköchin in Herzogenburg, bietet zum Frühstück frisches Gebäck, selbst gemachte Marmelade, manchmal auch Wurst. Dazu etwas Gemüse und immer Obst der Saison. Wenn vom kalten Abendessen noch etwas übrig ist, wird es beim Frühstückstisch noch einmal angeboten. Natürlich gibt's Tee oder Kaffee, an Feiertagen selbst gemachten Kuchen oder zu besonderen Anlässen feines Frühstücksgebäck – zum Beispiel einen Striezel. Die Köchin bäckt alles selbst, am Vormittag, wie sie selbst sagt, „so nebenbei".

> *Aus dem Leben der Benediktinermönche in der Abtei Ottobeuren im Bayrischen Allgäu*
>
> *Kurz nach 5 Uhr früh läutet Frater Josef die Konventglocke, er weckt die Mitbrüder und ruft zum Chorgebet um 5.30 Uhr. Mit dem Chorgebet beenden die Mönche das nächtliche Schweigen, mit dem Lobpreis Gottes beginnt der Tag:*
>
> *„Herr, öffne meine Lippen, damit mein Mund dein Lob verkünde!"*
>
> *Nach der „Vigil" und den „Laudes" feiern die Brüder die Konventmesse. Danach gehen sie zum Frühstück in das Refektorium, den klösterlichen Speisesaal, der ausschließlich den Mönchen vorbehalten ist. Der Tisch ist gedeckt: mit Semmeln und Schwarzbrot aus der eigenen Bäckerei, in der Frater Gebhart und Frater Stephanus arbeiten, dazu gibt es Butter und Honig von den 100 Bienenvölkern des Klosters, auch sie zählen zu Frater Gebharts Arbeitsbereich. Die Zeit fürs Frühstück ist kurz, die Mönche müssen zur Arbeit, jeder an seinen Platz.*

Frühstück im Stift Geras

Frau Elisabeth, Stiftsköchin im Stift Geras im Waldviertel, versorgt seit Jahren die Prämonstratensermönche mit ausgesucht gesunder Ernährung. Sie kocht ausschließlich mit Vollkornmehl, sehr fettarm und hat den weißen Zucker aus ihrer Küche verbannt. Die biologische Vollwertküche liegt ihr wirklich sehr am Herzen. Das Frühstücksbrot besorgt sie beim Bäcker aus der Nachbarortschaft. Wurst kommt nur dreimal die Woche auf den Frühstückstisch, ansonsten gibt es etwas Käse und Aufstriche. Gemüse bietet die Köchin schon zum Frühstück an, je nach Jahreszeit ein paar Paprika, Tomaten, Radieschen oder Gurken. Obst steht immer auf dem Tisch. Auf die Frage nach einem Müsli lacht sie: „Freilich haben wir das. Gern haben sie es nicht, aber es wird schon werden."

Wenn man Prior Benedikt nach dem Frühstück im Kloster Geras fragt, sagt er: „Wir bekommen ein wirklich üppiges Frühstück."

Frühstück bei den Marienschwestern

Die Schwestern in Linz leben schlicht. In der Früh werden Butter und Marmelade, Topfen und ein Müsli angeboten. Dazu gibt's Schwarzbrot und Semmeln, Tee, Kaffee oder Milch. Vom Vollkornbrot sind sie wieder abgegangen, da das für die älteren Schwestern schwer verdaulich war. Für sich selbst holen die Schwestern beim Bäcker oft das Brot vom Vortag, es ist billiger und noch immer frisch genug.

Aus dem alten Kochbuch der Frau Käthe, die in jungen Jahren in einem Konvikt in der Küche gearbeitet hat:

Klosterbrot

400 g Weizenmehl, 100 g Roggenmehl, 1 Päckchen Hefe (Originalrezept: mit Sauerteig), etwa 350 ml lauwarmes Wasser, 1 Esslöffel Brotgewürz (Kümmel, Koriander, Fenchel, Anis)

In einer weiten Rührschüssel (Originalrezept: „Weitling") Mehl, Hefe, Gewürze vermengen, zwei Drittel des Wassers zugießen und mit den Knethaken des Mixers alles gut durchkneten. Das restliche Wasser zugießen, weiter durchkneten. Nun den Teig mit einem Tuch zudecken und an einem warmen Ort mindestens eine Stunde „gehen", also rasten lassen.
Danach noch einmal gut durcharbeiten. Das macht man aber am besten mit den Händen: schön fest durchkneten. Ist der Teig zu feucht, noch etwas Mehl zugeben. Ist er zu trocken, lauwarmes Wasser löffelweise zugeben. Wer eine Brotform hat, fettet sie ein und gibt den Teig in die Form. Man kann das Brot aber auch zu einem Laib oder Wecken formen und auf ein Backblech legen. In jedem Fall muss es noch einmal zugedeckt werden und bekommt Zeit, um zu „gehen". (Etwa eine halbe Stunde)
Das Backrohr vorheizen, den aufgegangenen Brotteig hineingeben und bei mittlerer Hitze etwa eine Stunde backen. Die Kruste wird schöner, wenn man das Brot gegen Ende des Backens gut mit Wasser besprüht: Finger in eine Wasserschüssel tauchen, Brot gut anspritzen.

TIPP *Nach diesem Grundrezept können Sie Ihr eigenes Brot backen: wählen Sie Dinkel-, Weizen- oder Roggenmehl, kombinieren Sie nach Lust. Wenn Sie Vollkornmehl verwenden, werden Sie etwas mehr Flüssigkeit brauchen. Sie können Nusskerne (Nussbrot), Sonnenblumenkerne oder Sesam einbacken. Weißbrot wird noch feiner, wenn man es statt mit Wasser mit Milch anrührt.*

Brotbacken ist eine einfache Sache, fordert nur ein bisschen Erfahrung und die Anwesenheit der Köchin. „Das bäckt sich ganz allein", sagt Frau Käthe.

Haferbrot

Aus diesem Haferbrotteig kann man auch Haferstangerln formen, sie schmecken gut und sind ein gesundes Knabbergebäck für unterwegs.

350 g Mehl (Weizen- oder Dinkel-), 1 Päckchen Trockenhefe, 120 g Haferflocken, 250 ml lauwarme Milch, Prise Salz, 1 Teelöffel Zucker, weitere Flocken und Milch zum Bepinseln

In einer weiten Rührschüssel Mehl und Hefe vermischen, Haferflocken, Gewürze und $2/3$ der Milch dazugeben. Mit den Knethaken des Mixers gut durcharbeiten, dann die restliche Milch einarbeiten. Am besten arbeitet man von nun an mit den Händen weiter: Teig gut kneten. Dabei merkt man auch, ob der Teig die richtige Beschaffenheit hat. Er soll nicht an den Händen kleben. Wenn Sie Vollkornmehl verwenden, beachten Sie: Es benötigt etwas mehr Milch, weil es Feuchtigkeit anzieht.
Dem Teig je nach Notwendigkeit etwas Mehl oder etwas Milch beifügen, durchkneten, mit einem Tuch bedecken und für eine $1/2$ Stunde an einem warmen Ort beiseite stellen. Danach entweder ein Brot formen oder aber eine Rolle machen und etwa 10 cm lange „Stangerln" (gerade Rollen) abschneiden. Diese werden mit Milch bepinselt und in Haferflocken gewälzt. Auf ein Backblech setzen. Das Backrohr ganz sanft erhitzen und das Haferbrot (oder die Haferstangerln) hineingeben. Das Brot soll im Backrohr noch ein wenig „aufgehen". Nach etwa 10 Minuten die Temperatur auf mittlere Hitze erhöhen. Für das Brot rechnet man etwa 40 Minuten Backzeit, Stangerln brauchen natürlich nicht so lange.

Selbst gebackenes Brot wird in vielen Klosterläden angeboten und zählt zu den wahren „Rennern". Ob es tatsächlich mit dem außergewöhnlichen Geschmack zu tun hat oder vielleicht doch mit dem Mythos, der das frische Brot aus den frommen Gemäuern umgibt? Beim Brotbacken hat jeder Klosterbäcker seine eigene Mehl- und Gewürzmischung. Das allein schon gibt diesem Brot etwas Besonderes. In unserer Zeit der Supermärkte, wo die Uniformiertheit des Geschmacks auch die Brotfabriken längst erreicht hat, ist schon das Grund genug, beim Klosterbrot zuzugreifen. Diese Rezepte geben die KlosterbäckerInnen allerdings nicht gerne preis.

Frühstück für festliche Tage

An Feiertagen gibt es im Kloster zum Frühstück besondere Leckerbissen. Aber auch hier gilt: Allzu aufwändig darf die Zubereitung nicht sein, denn dafür hat die Köchin zu wenig Zeit. Kuchen oder feine Gebäcke werden „zwischendurch" gebacken, am Vormittag neben der normalen Küchenarbeit. Es ist schön, zu sehen, dass „schnelle Küche" auch gesund und gut sein kann.

Die Stiftsköchin von Geras, Frau Elisabeth, ist eine begeisterte Vollwertköchin. Auch beim Backen bleibt sie konsequent: ein Rezept für ein Biskuit aus Vollkornmehl, das immer gelingt.

Kneippkuchen
(auch: Schrot-Biskuit)

140 g brauner Zucker, 140 g Vollkornmehl (Weizen- oder Dinkel-), ½ Päckchen Backpulver, 5 Eier, Saft einer Zitrone, Margarine und Mehl für die Form

Das Mehl mit dem Backpulver vermengen und einmal durchsieben, dann wird es luftiger. Die groben Schrotbestandteile nicht entfernen, sondern dazumischen. 4 Eier trennen, 4 Eiklar in einer Schüssel zu einem festen Schnee schlagen und beiseite stellen. In einer zweiten Rührschüssel den Zucker mit 4 Eidottern, einem ganzen Ei und dem Zitronensaft recht schaumig rühren. Wobei es sich empfiehlt, die Eier nicht auf einmal, sondern nach und nach in die Schüssel zu geben.
Nun die Schneemasse vorsichtig unterheben, am besten mit einem Schneebesen. Jetzt erst kommt das Mehl dazu: einen Löffel nach dem anderen dazugeben, einrühren. Die Masse in die eingefettete und bemehlte Form (Kasten-, Kuchen- oder Tortenform) geben und bei mäßiger Hitze backen. Der Kuchen braucht nicht allzu lang, bis er fertig ist. Wird er als einfaches Biskuit serviert, so kann man beim Backen etwas Anis beifügen. Er kann aber auch weiterverarbeitet werden: einmal durchschneiden und mit einer dünnen Schicht Marmelade oder auch mit einer Creme füllen. Selbst feine Torten können nach diesem Grundrezept entstehen. Das Biskuit ist wirklich fein und bekommt durch das Vollkornmehl „einen schönen Körper".

Kartoffelbrot *aus Hefeteig*

300 g gekochte Kartoffeln, 500 g Mehl, 2 Esslöffel Öl, 2 Esslöffel Honig, 1 Ei, 1 Päckchen Germ, Prise Salz, nach Bedarf etwas lauwarme Milch, Margarine und Mehl für die Form

Zuerst die gekochten Kartoffeln fein reiben. Alle Zutaten in einer weiten Schüssel zu einem mittelfesten Teig verkneten. Gut durcharbeiten und dann zugedeckt an einem warmen Ort eine halbe Stunde rasten lassen.
Das Kartoffelbrot kann in einer Kastenform, aber auch in einer runden Form gebacken werden. Zwei Formen einfetten und bemehlen, den Teig teilen und in die Formen geben. Mit einem Tuch zudecken und noch einmal eine halbe Stunde stehen lassen, damit der Teig „geht", also durch die Hefe aufgeht.
Im vorgeheizten Backrohr auf mittlerer Hitze etwa 40 Minuten backen.

TIPP *Kartoffelbrot soll nicht frisch aus dem Backrohr gegessen werden. Es schmeckt am nächsten Morgen noch besser. Manche bestreichen es mit Butter, auch mit Marmelade. Es schmeckt aber auch „natur" wunderbar.*
Für diese Speise können selbstverständlich auch übrig gebliebene Kartoffeln verwendet werden.

Brot wurde früher bestenfalls alle zwei Wochen gebacken, war aber in der zweiten Woche nur noch von „kernigem" Geschmack. Der luftige Striezel oder Zopf war eine willkommene Abwechslung auf dem Frühstückstisch. Er wurde auch „Heiligen-Brot" genannt. Heute wird er oft vom ähnlichen Brioche verdrängt. Im Kloster hat er beim feierlichen Frühstück einen festen Platz – als „Osterstriezel", „Allerheiligenstriezel" oder „Klosterkranz". Die wirkliche Kunst liegt nicht im Backen, sondern im Flechten.

Striezel *(im Volksmund Heiligen-Brot)*

500 g Mehl, 1 Päckchen Trockenhefe, 3 Eidotter, 100 g Zucker, 1 Päckchen Vanillezucker, 1 Prise Salz, 80 g zerlassene Butter, 200 ml lauwarme Milch, Butter zum Bestreichen, Mandelsplitter zum Bestreuen, auf Wunsch 100 g Rosinen, dazu etwas Rum.

Rosinen mit ein paar Löffel Rum begießen und beiseite stellen. Mehl und Hefe in eine große Rührschüssel geben, dazu Eier, Zucker, Vanillezucker, Salz, die zerlassene Butter und die Hälfte der Milch. Mit den Knethaken des Mixers gut durcharbeiten. (Das können Sie auch mit einem Kochlöffel händisch tun.) Der Teig muss fest „abgeschlagen", also durchgearbeitet werden. Je nach Bedarf die restliche Milch zugießen. Wird der Teig aus Vollkornmehl bereitet, benötigt man sie auf jeden Fall, vielleicht sogar noch ein paar Löffel mehr. Es soll ein „seidiger Teig" entstehen, den man mit den Händen bearbeiten kann. Rosinen in den Teig einarbeiten. Schüssel beiseite stellen, zudecken und für eine halbe Stunde an einem warmen Ort „rasten" lassen.
In der Zwischenzeit ein Backblech vorbereiten. Eine Arbeitsfläche mit Mehl bestäuben. Den Teig aus der Schüssel nehmen, in drei Teile teilen. Aus jedem Teil eine Kugel formen, daraus eine Rolle machen. Drei Rollen nebeneinanderlegen und einen Zopf flechten, der oben und unten zusammengedrückt wird. Wenn Sie einen Kranz machen wollen, verflechten Sie zwei Teile miteinander. Diesen kann man in eine Kranzkuchenform legen.
Der Striezel wird auf das eingefettete (oder mit Backpapier ausgelegte) Blech gelegt und soll noch einmal an einem warmen Ort eine halbe Stunde zugedeckt rasten und dabei aufgehen.
In der Zwischenzeit Butter zum Bestreichen zergehen lassen. Backrohr vorheizen. Den aufgegangenen Striezel mit zerlassener Butter bepinseln, Mandelsplitter darüberstreuen. Im Rohr bei mittlerer Hitze 35–40 Minuten backen. Man kann die Hitze ab der Hälfte der Backzeit reduzieren, damit der Striezel gut durch, aber nicht dunkel wird.

Ursulinen-Brezeln

Auch die „Ursulinen-Brezeln" können aus dem Striezelteig zubereitet werden. Der fertig zubereitete Teig wird zu einer recht dünnen Wurst gerollt, davon werden Stückchen abgeteilt und kleine Brezeln geformt. Die Zubereitung dieser Brezeln erfordert ein wenig Geschicklichkeit – Kinder freuen sich, wenn sie kleine Brezeln formen dürfen. Die geformten Brezeln müssen am Backblech noch einmal eine halbe Stunde aufgehen, dann werden sie bei guter Hitze gebacken.

Brezeln sind seit alters ein Gebäck, das bei kirchlichen Feiertagen nicht fehlen darf. Angeblich deshalb, weil die Form der Brezeln an betende Hände erinnert. In diesem Fall sind es wohl die betenden Hände der Ursuliner-Nonnen.

> ❖ **Aus einem alten Kochbuch** ❖
>
> **Propheten-Kuchen**
>
> Ein feiner, gehaltvoller Hefeteig, wie er in früheren Zeiten selbstverständlich war. Aus 860 g Mehl, 560 g Butter, 20 g Salz, 4–5 g Hefe, 250 ml Milch, 10 Eiern

Klosterkuchen

Unter diesem Titel finden sich viele Rezepte. Fast alle beschreiben einfache Rührteige, die schnell und unkompliziert zuzubereiten sind. Man kann sie in einer Kastenform backen oder auch in einer Gugelhupfform. Sie können mit Schokolade- oder Zitronenglasur überzogen werden oder einfach nur mit Zucker bestreut. Sogar Obstkuchen kann man aus diesen „Klosterkuchen" machen – mit Kirschen belegen, mit Marillen oder Zwetschken, je nach Jahreszeit.

Käthes Klosterkuchenteig

Ein sparsamer Teig für viele Personen: 100 g Butter, 300 g Zucker, 3 Eier, 600 g Mehl (gerne auch Dinkel- oder Weizen-Vollkornmehl), 1 Päckchen Backpulver, 350 ml Milch, auf Wunsch: Rosinen, Butter und Mehl für die Form

---

In einer Rührschüssel Butter schaumig rühren, Zucker dazugeben und fest weiterrühren. Nach und nach die ungeteilten Eier zugeben, das Mehl mit Backpulver vermischen und langsam, abwechselnd mit der Milch einrühren. Eine Form ausfetten und bemehlen, den Teig hineingeben und im vorgeheizten Backrohr bei mittlerer Hitze etwa 35 Minuten backen. Ist der Kuchen gut angebacken, kann man die Backtemperatur reduzieren, damit er nicht zu dunkel wird.
Bäckt man aus diesem Teig Obstkuchen, wird der Teig etwa zwei Fingerhoch direkt auf das befettete Backblech aufgetragen, mit halbierten Marillen oder Zwetschken belegt und gebacken.

Klosterkipferln *schnell gemacht*

1 Packung Plunderteig, Marmelade zum Füllen, 1 Ei zum Bestreichen, zum Bestreuen: Hagelzucker oder gehackte Mandeln oder Nüsse

Den Teig auftauen lassen und auflegen. Nun wird er in 5 cm breite und 15 cm lange Rechtecke geschnitten, mit einem Klacks Marmelade gefüllt (nicht zu viel Marmelade, sie dehnt sich durch die Hitze aus), zusammengelegt, die Enden links und rechts eingebogen. Ein Ei verquirlen, die Kipferln bestreichen, mit geriebenen Mandeln oder Nüssen und/oder Hagelzucker bestreuen und nach dem Aufgehen goldgelb backen.

❊ *Gebet* ❊

Zu dir, Jesus, bin ich gekommen, um dir nahe zu sein, bevor ich meinen Tag beginne. Lass deine Augen eine Weile auf den meinen ruhen, lass mich mit der Gewissheit deiner Freundschaft an die Arbeit gehen, erfülle mein Herz, damit ich die Wüste des Lärms überstehe, erfülle selbst meine hintersten Gedanken mit deinem gesegneten Licht und gib mir Kraft für die Menschen, die mich brauchen.

Mutter Teresa (1910–1997)
Gemeinschaft der Missionarinnen der Nächstenliebe

Biskuitrolle *(Biskuitroulade)*

Ein feiner Kuchen für das Frühstück, der, so sagt die Köchin, „keine Zauberei" ist – wenn man einmal weiß, wie's geht ...

5 Eier, 150 g Zucker, 130 g Mehl, Marmelade zum Füllen, Zucker zum Bestreuen, ein Küchentuch zum Rollen

Eier trennen, in einer Rührschüssel Eidotter und Zucker fest und lang rühren, bis eine schaumige Masse entsteht. (Man soll mit ihr „schreiben" können.) Eiklar zu einem festen Schnee schlagen. Zuerst wird das Mehl in die schaumige Masse eingerührt, danach der Schnee untergehoben. Ein Backblech mit Papier auslegen, die Masse fingerdick und gleichmäßig daraufstreichen und im vorgeheizten Backrohr bei guter Hitze backen. (Das dauert nicht lange.) Auf eine Arbeitsfläche ein Küchentuch legen und gut mit Zucker bestreuen. Das Biskuit aus dem Rohr nehmen, auf das Tuch stürzen, das Backpapier abziehen. Solange es noch warm ist, Biskuit mithilfe des Küchentuchs einrollen. Ist das Biskuit erkaltet, noch einmal ausrollen, mit Marmelade bestreichen und wieder einrollen. Vor dem Servieren mit Zucker bestreuen.

TIPP *Beim Füllen der Biskuitrolle lässt die Köchin ihre Fantasie spielen: im Sommer füllt sie das Biskuit mit einer feinen Fülle aus cremigem Topfen, Zucker und Erdbeerstückchen. Im Winter auch mit einer Fülle aus Schokoladecreme. Aber „klassisch" ist die Füllung mit Marmelade.*

Prämonstratenser-Chorherrenstift Geras »

In der Mitte des Tages

In der Mitte des Tages

Zur Mittagsstunde – der Mitte des Tages – ist im Kloster Zeit für das Gebet, danach geht es zu Tisch.
Die Gemeinsamkeit von Gebet und Mahl ist einer der Mittelpunkte des klösterlichen Lebens. Jede Schwester, jeder Pater hat im Gespräch darauf hingewiesen, wie wichtig dieses Miteinander für das Leben der Ordensgemeinschaft ist. Zuerst die Seele stärken, dann den Körper – und das gemeinsam.
Das Mittagsmahl ist die Hauptmahlzeit im Kloster. Abends gibt es kleinere Speisen oder nur einen Gang, mittags Suppe und Hauptspeise. Danach wird zumeist eine Schüssel mit Obst auf den Tisch gestellt. Eine „richtige" Nachspeise gibt es nur am Sonntag und zu festlichen Anlässen. Das Mittagsmahl muss auch wirklich sättigend sein, denn, so erklärt der Zisterzienser Pater Karl aus dem Kloster Heiligenkreuz: „Wir essen nur zu den Mahlzeiten, zwischendurch gibt es nichts. Höchstens Brot und Butter. Auch das gehört zum klösterlichen Leben." Pater Karl hat lange Zeit eine Pfarre im Wienerwald geleitet und dort immer wieder auch selbst gekocht.

> ❋ *Aus der „Regel des heiligen Benedikt"* ❋
>
> *Es gelte, was der Prophet sagt:*
> *„Siebenmal am Tag singe ich dein Lob."*
> *Diese geheiligte Siebenzahl wird von uns dann erfüllt,*
> *wenn wir unseren schuldigen Dienst leisten zur Zeit von Laudes, Prim, Terz, Sext, Non, Vesper und Komplet;*
> *denn von diesen Gebetsstunden am Tagesablauf sagt der Prophet: „Siebenmal am Tag singe ich dein Lob."*
>
> **Benedikts Anleitungen für das Ordensleben stammen aus dem 6. Jahrhundert und haben heute noch Gültigkeit.**

Seit er im Stift Heiligenkreuz lebt – er ist Rektor der Theologischen Hochschule –, schwingt er nicht mehr den Kochlöffel. Im Stift wird für an die hundertfünfzig Personen gekocht, dort herrschen andere Küchengesetze. Dennoch, wenn der Speiseplan gemacht wird, dürfen die Mönche ihre Wünsche äußern. Aber unter den Zisterzienserpatres gibt es viele, die sehr asketisch leben, ihnen ist der Mittagstisch nicht weiter wichtig. Vom Pater Karl weiß die Stiftsköchin, dass er „alles Herausgebackene" liebt, besonders Backhuhn. Der Pater, ein fröhlicher Mensch – einer von den „singenden Mönchen" –, genießt dieses Nur-zu-den-Mahlzeiten-Essen sehr. „Das ist das Schöne im Klosterleben, dass alles seine Ordnung hat und seine Zeit. Wenn du hungrig zu Tisch gehst, freust du dich schon auf das Mittagessen."

Das Mittagsmahl beginnt mit einer wärmenden, sättigenden Suppe.
Kosten Sie sich einmal durch die Jahreszeiten – von den Frühlings- bis zu den Wintersuppen.

Mit klösterlichen Suppen durch das Jahr

Einfache Frühlings-Kräutersuppe

1 kleine Zwiebel, 2 Knoblauchzehen, 1 große Kartoffel (roh oder gekocht), 2 Hände voll Kräuter (z. B. Bärlauch, Brennnesseln, ein wenig Sauerampfer, Löwenzahnblätter, Melisse, Petersilie, Kerbel, Kresse, etwas Salbei), etwas Muskatnuss, etwas Salz, 1 l Gemüsebrühe (ersatzweise Wasser), geröstete Brotwürfel zum Servieren

Zwiebel und Knoblauch schälen und hacken, Kartoffel schälen und in grobe Stücke schneiden. Kräuter waschen und grob hacken. Alle Zutaten in einen Topf geben, mit der Flüssigkeit aufgießen und zum Kochen bringen. 20 Minuten lang sanft köcheln. Etwas abkühlen lassen, mit dem Mixer pürieren und abschmecken. Zu dieser Suppe passen geröstete Brotwürfel.

TIPP *Das Rezept gilt als „Grundrezept". Nach dieser Methode kann man viele köstliche und gesunde Frühlingssuppen zubereiten, wie beispielsweise eine Bärlauchsuppe: zwei Hände voll Bärlauchblätter verwenden, aber den Knoblauch weglassen. Auch eine Brennnesselsuppe wird so hergestellt.*

Im Stift Geras wird wirklich gesund und alternativ gekocht. Frau Elisabeth bindet ihre Saucen und Suppen nicht mit Mehl oder fertigen Verdickungsmitteln, sie liebt die einfachen Lösungen: „Ich koche ein, zwei Kartoffeln mit oder auch ein Stück Brot, das wird dann passiert und gibt eine wunderbare Bindung. Bei mir gibt es keine Mehlbindung mehr! Ich muss auch nicht in jede Suppe Schlagobers einrühren, das verwischt nur den guten Geschmack."

Grüne Frittatensuppe

Im Zisterzienserkloster Marienkron im burgenländischen Mönchhof serviert der Koch den Kurgästen – wenn sie nicht gerade wegen einer Fastenkur da sind – die Suppe im Frühling gerne mit ein paar grünen Farbklecksen.

1 l gute Rindsuppe, für die Frittaten: 120 g Mehl, 1 Ei, Prise Salz, 130 ml Milch, eine Handvoll ganz fein gehackte Kräuter (ersatzweise: 1 Packerl Tiefkühlkräuter), Öl zum Ausbacken

Frittaten werden wie Palatschinken bereitet.
In eine Rührschüssel Mehl, Ei, Salz und einen Teil der Milch mit dem Handmixer gut durchrühren, sodass ein glatter Teig entsteht, zuletzt die restliche Milch hinein und noch einmal fest durchrühren. Kräuter einrühren, zumindest zehn Minuten stehen lassen. Nun werden Palatschinken herausgebacken. In eine Stielpfanne einen Esslöffel Öl geben, gut verteilen und heiß werden lassen. In das heiße Öl einen Schöpflöffel Teig geben, den man durch Drehen der Pfanne gut und dünn auseinanderlaufen lässt. Ist die Unterseite gut angebacken, wird die Palatschinke mithilfe der Backschaufel umgedreht und von der anderen Seite ebenfalls sanft gebacken. So wird der ganze Teig verarbeitet. Die übergekühlten Palatschinken auf einem Brett einrollen, dann feinnudelig schneiden. In jede Suppentasse Frittaten geben und vor dem Servieren mit Suppe übergießen.

Kräuternockerln *als Suppeneinlage*

Im Kloster Wernberg in Kärnten werden Bärlauchnockerln als Suppeneinlage bereitet und auch im Klosterladen angeboten. Kräuternockerln sind eine feine Speise, die man mit ein wenig Fantasie vielfältig und einfach zubereiten kann. Ein Nockerlteig wird mit gehackten Kräutern (oder mit frischem gehackten Bärlauch, Brennnesseln oder auch Spinat) verfeinert und damit grün gefärbt. Das geht sowohl mit Nockerln aus Kartoffelteig als auch mit dem einfachen „Nockerl-Teig", wie hier:

30 g Butter, 250 g Mehl, 1 Ei, 150 ml Milch, Salz, 1 Handvoll Kräuter

Butter in einem Topf zerlassen. In einer Rührschüssel Mehl, Ei, Milch, Salz und Butter zu einem weichen Teig verrühren, der „reißend vom Löffel fällt". Kräuter fein gehackt beimengen. Wasser zum Sieden bringen, eine Prise Salz hineingeben. Mit einem kleinen Löffel Nockerln ins siedende Wasser einlegen und etwa fünf Minuten sanft köcheln lassen. Wenn Sie Gemüsebrühe verwenden, können Sie die Nockerln auch direkt in die siedende Brühe einlegen; sind sie für eine Rindsuppe gedacht, kocht man sie extra, damit die Suppe nicht „trüb" wird.

TIPP *Kräuternockerln können als eigene Speise serviert werden oder eignen sich auch als Beilage.*

Noch heute sind etliche Klöster mit großen Gemüse- und Baumgärten ganz oder teilweise „Selbstversorger". Das bedeutet, dass sie vorwiegend oder gar ausschließlich von dem leben, was auf ihrem eigenen Grund und Boden wächst und gedeiht. Wer das lebt, bekommt ein tiefes Gefühl für die Schöpfung und hat einen anderen Bezug zu einem Nahrungsmittel – dem „Lebensmittel". Weil er weiß, wie viel Arbeit und Sorge nötig ist, damit eine Pflanze Früchte trägt. Wie viel Sonne und Regen es braucht, damit die Früchte reifen. Mit Ehrfurcht erntet dieser Mensch und mit Freude genießt er. Unwetter, Hagel und Sturm haben für ihn oder sie eine ganz andere Bedeutung. Und jeder Tag, den er lebt, ist ein Tag der Dankbarkeit.

Gemüsebrühe *selbst gemacht*

Gemüsebrühe ist ein wundervoller Ersatz für Suppenwürfel. Das Prinzip ist einfach: Frisches Gemüse der Saison (z. B. Karotten, Zwiebel oder Lauch, Knoblauch, gelbe Rüben, Petersilienwurzeln oder was der Garten sonst noch zu bieten hat) schälen oder putzen und in grobe Stücke schneiden. Das Gemüse in einen großen Topf geben, mit Wasser begießen, Salz, ein paar Pfefferkörner, zwei Wacholderkörner und, wenn vorhanden, frische Kräuter hineingeben. Das alles gut durchköcheln lassen, bis das Gemüse sehr weich ist. Abgießen und nur die Flüssigkeit verwenden. Sollten Sie Liebstöckel im Garten haben, vergessen Sie ihn nicht – er heißt nicht von ungefähr „Maggi-Kraut": er gibt der Suppe eine interessante Würze. Wie auch das Bohnenkraut, das in Notzeiten immer als Pfefferersatz genutzt wurde. Die Gemüsebrühe ist auch jene Suppe, die vor und nach strengen Phasen des Fastens auf den Tisch kommt. Mit ihr verabschiedet man sich von fester Nahrung und mit ihr beginnt man sie auch wieder.

Suppengrün *für „Selbstversorger"*

Im Sommer, wenn das Gemüse geerntet wird, bereiten die „Selbstversorger" ihr eigenes „Suppengrün" und legen einen Vorrat für Herbst und Winter an. Aus diesem Suppengrün werden später die selbst gemachten Suppen zubereitet: Suppenfleisch, Suppengrün und Gewürze aufkochen und gut durchkochen. Wenn alles gar ist, abseihen.

Für 1 kg Gemüse – z. B. Karotten, gelbe Rüben, Lauch, Zwiebel, Petersilienwurzeln, Sellerieknollen – rechnet man 300 g Salz

Das frische Suppengrün aus dem Garten wird geerntet, gewaschen, geputzt und in grobe Stücke geschnitten. Nun kommt es in die Faschiermaschine und wird dort zerkleinert. („Durch den Fleischwolf gedreht.") In eine Schüssel Salz geben, Gemüse darüber, dann wieder Salz und Gemüse und so fortfahren. Mit einem Tuch gut zudecken und 24 Stunden stehen lassen. Danach in Gläser füllen, gut verschließen und aufbewahren. Das Salz hilft bei der Konservierung und man hat stets „fertiges Suppengrün" daheim.

Nach diesem Rezept lässt sich auch Kräutersalz problemlos selbst herstellen: Eine Schicht fein gehackter Kräuter kommt in ein Glas, darüber eine Schicht Salz, dann wieder Kräuter und so weiter. Gläser gut schließen und trocken aufbewahren. So bleibt auch das Aroma der Kräuter gut erhalten.

Kohlrabisuppe

Kohlrabi ernten die Schwestern im Kloster Wernberg im Gemüsegarten und verkochen ihn während des ganzen Sommers zu mancherlei, auch zu einer Suppe, die alle lieben.

1 Zwiebel (oder 2 Jungzwiebeln), 4 Stück mittelgroße Kohlrabi (die jungen Blätter der Kohlrabi werden auch verwendet), 1 Esslöffel Butter, 1 Esslöffel Vollkornmehl, Salz, Pfeffer, Petersilie, 1 l Gemüsebrühe (ersatzweise Wasser), auf Wunsch 1 Eidotter, 60 ml Milch zum Legieren der Suppe

Zwiebel schälen und fein hacken, Kohlrabi schälen und feinnudelig schneiden. In einem Topf die Butter zerlaufen lassen, Zwiebel und Kohlrabi andünsten. Mit dem Mehl bestäuben, gut durchrühren, aufgießen und mit Salz und Pfeffer würzen. Gut durchköcheln lassen, bis die Kohlrabi weich sind.
Die jungen Blätter werden fein geschnitten, in etwas Butter gedünstet und zur Suppe gegeben, kurz bevor diese fertig ist.

TIPP *Auf Wunsch kann die Suppe legiert werden, damit sie sämiger und kräftigend wird: 1 Eidotter in etwas Milch gut versprudeln und in die fertige Suppe einrühren, die dann nicht noch einmal aufkochen soll. Vor dem Servieren mit gehackter Petersilie bestreuen.*

Kochen im Jahreskreis

Wenn „alles eins ist", wie die Äbtissin Hildegard von Bingen sagt, dann fügen sich auch Küche und Speiseplan in die Ganzheit des Universums. Die meisten Klosterköchinnen und -köche haben eine sehr klare Haltung zu den Nahrungsmitteln: Die Schöpfung zu achten und zu ehren, das ist nichts Abstraktes, das ist eine Lebenseinstellung. Und so pflegen die Klosterköchinnen und -köche auch respektvollen Umgang mit den Nahrungsmitteln. Sie sind sich darin einig, dass die Früchte dieser Erde dort verbraucht werden sollen, wo sie wachsen, und dann verkocht werden, wenn sie gerade reif sind. Also beginnt das Klosterküchenjahr im Frühling mit frischen Kräutern, Spinat, Spargel, Erdbeeren, Kirschen und Marillen. Die ersten jungen Kartoffeln („Heurige Erdäpfeln") gibt es im Juni, denn die aus Ägypten oder Zypern sind zu weit gereist. Im Sommer sind die Tomaten, Salat und überhaupt der Großteil des Gemüses an der Reihe, im Spätsommer die Äpfel, im Herbst Kürbisse, Birnen, Zwetschken und Trauben. Im Winter gibt es Wurzelgemüse und all das, was sich gut einwintern lässt: Karotten, Rüben, Sellerie, Lauch, Kraut und Kohl und sehr viel Kürbis. Die Früchte werden dann „in Sand eingeschlagen", also in einem großen, mit Sand gefüllten, hölzernen Bottich aufbewahrt, wo sie sich frisch halten. Das „Kochen im Jahreskreis" stellt eine Verbindung zur Natur her und ist dabei auch für den Organismus gesund. Dort wo wir leben, wächst alles, was wir brauchen. Wir müssen ihm nur mit Achtung begegnen.

Sommerliche Quer-durch-den-Garten-Suppe

„Einmal durch den Garten gehen und schauen, was er uns geschenkt hat …"
Ob im Kloster Wernberg in Kärnten oder im Kloster Habsthal in Oberschwaben – eine Gemüsesuppe kommt oft auf den Tisch, aber sie wird nie zweimal gleich schmecken.

Je nachdem, was gerade reif geworden ist, können einige der folgenden Gemüse in die Suppe kommen: 1 kleiner Zucchino, 1 Kohlrabi, 1 Stück von der Sellerieknolle, 2 Karotten, 1 Paprika, 1 Stange Lauch, 1 Zwiebel, 1 Handvoll Fisolen oder Erbsen, ein paar Karfiolröschen, ein paar kleine Paradeiser. Dazu Salz, Pfeffer, 1 Esslöffel Butter oder gutes Öl, 2 Esslöffel Haferflocken, ein paar Kräuter zum Bestreuen

Beachten Sie bei der Zubereitung, dass das Gemüse unterschiedlich lange braucht: Zucchini und Karfiol sollten erst später beigefügt werden, sie werden schnell weich.

Butter oder Öl in einem Topf heiß werden lassen, das geputzte und klein geschnittene Gemüse hineingeben, die Haferflocken dazu und alles ein paar Minuten andünsten lassen, dabei gut umrühren. Mit Wasser aufgießen, aufkochen und sanft köcheln lassen, bis das Gemüse gut weich ist und die Haferflocken zerfallen sind. Abschmecken und zuletzt mit fein gehackten Kräutern bestreuen.

Herbstliche Gemüsesuppen

Nun schenkt der Garten Kürbis, Kraut und Kohl, Erdäpfel, die letzten Paradeiser, Zucchini und Gurken. Dazu mit Glück ein paar Pilze aus dem Wald. Die Kräuter eignen sich noch zum Würzen, aber sie werden langsam hartfasrig.

Porreecremesuppe

Im Zisterzienserkloster Marienhof in Mönchhof wird diese Suppe vorzugsweise im Herbst serviert.

3 Stangen Lauch, 2 mittelgroße Kartoffeln, etwas Öl zum Anrösten (Sesamöl gibt hier einen interessanten Geschmack), 1 l Gemüsebrühe (ersatzweise Wasser mit etwas Suppenwürze), Prise Salz, Prise brauner Zucker, etwas gemahlener Pfeffer, 1 Teelöffel Rosmarin

Lauch waschen (der Länge nach durchschneiden, da kann das Wasser in alle Schichten eindringen) und in Ringe schneiden. Kartoffeln schälen und grob würfeln. Öl in einem Topf erhitzen und den Lauch andünsten, Kartoffeln dazugeben, gut durchrühren und mit Wasser oder Gemüsebrühe aufgießen. Salz, Pfeffer, Zucker und Rosmarin dazugeben.
Nun soll alles sanft köcheln, bis Lauch und Kartoffeln gut weich sind. Suppe etwas abkühlen lassen und pürieren.
Je nach Geschmack kommt sie nun auf den Tisch oder wird noch verfeinert: man kann ein Teelöffelchen Tahin (Kichererbsenmus) einrühren oder auf jede Portion einen Klacks Sauerrahm obenauf setzen. Auch geröstete Brotwürfel passen zur Suppe.

Rote-Beete-Suppe *aus Habsthal*

Diese Suppe wird im Kloster Habsthal gern im Winter gekocht. „Bei unseren Gästen ruft sie wegen ihrer tiefroten Farbe zuerst ein Zögern hervor", sagt Schwester Kornelia. „Aber dann sind sie ganz begeistert von dieser Speise."

2 Rote Beete, 1 Zwiebel, 1 Knoblauchzehe, 1 Esslöffel Olivenöl, 1 l Gemüsebrühe (oder Wasser), etwas Pfeffer, 2 Lorbeerblätter, 1 Esslöffel Sojasauce, etwas Rosenpaprika, 100 ml Sauerrahm, ein wenig frisch geriebener Ingwer, Prise Salz, zum Garnieren etwas Sauerrahm und Petersilie

Rote Beete putzen, fein raspeln. Zwiebel und die Knoblauchzehe, schälen und fein schneiden. Alles in eine angewärmte Pfanne geben, dazu ein Esslöffel Olivenöl. Andämpfen lassen. Mit Gemüsebrühe aufgießen, Pfeffer, Lorbeerblätter, Sojasoße dazugeben und etwa 30 Minuten köcheln lassen, bis alles weich ist. Nun alles im Mixer pürieren. In die Suppe den Rosenpaprika, Ingwer und eine Prise Salz rühren. Die Suppe in den Tellern mit einem Klacks Sauerrahm und gehackter Petersilie garnieren.

❖ **Aus einem alten Kochbuch** ❖

Benediktiner-Suppe

Mach eine leichte Einbrenn von Mehl und Butter und übergieß sie mit gesalzenem Wasser. Gib viel Petersilie in ein Tüllsäckchen und koche es gut mit. Danach tue das Säckchen heraus, vermenge die Brühe mit etwas Muskatgewürz und Safran und koch kleine Nockerln ein.

Im Kloster Wernberg in Kärnten betreiben die Schwestern ihre eigene biologische Landwirtschaft, dadurch können sie sich weitgehend selbst versorgen. „Besonders beliebt sind unsere Suppen", erklärt Schwester Maria Luise. „Das sind nämlich wirklich selbst gemachte Suppen, Gemüsesuppe genauso wie Rindsuppe oder Hühnersuppe. Sie schmecken wunderbar."
Für die kalte Winterzeit empfehlen sowohl die Äbtissin Hildegard im 11. Jahrhundert als auch die moderne Ernährungslehre nach TCM (Traditionelle Chinesische Medizin) den Genuss von Hühnersuppe.
Besorgen Sie doch ein Freilandhuhn. Es wird bereits in vielen Geschäften angeboten und schmeckt unvergleichlich besser als die Hühner aus der Bodenhaltung. (An Käfighaltung wollen wir nicht einmal denken!) Wenn Sie dieses Huhn kochen, dann duftet die Küche warm und freundlich. Dass dieses Huhn teurer ist, soll keine Rolle spielen. Lieber zwei Tage sparsam kochen und dann etwas Wertvolles genießen.
Die Zubereitung der Hühnersuppe hängt davon ab, wie viel Suppe Sie erhalten wollen. Je nachdem nehmen Sie ein halbes Huhn oder Hühnerteile, z. B. Hühnerflügel und Hühnerklein. Hühnersuppe bereitet man am besten einen Tag vorher.

❋ Aus der „Regel des heiligen Benedikt" ❋

Nach unserer Meinung dürften für die tägliche Hauptmahlzeit, ob zur sechsten oder zur neunten Stunde, für jeden Tisch, mit Rücksicht auf die Schwäche einzelner, zwei gekochte Speisen genügen.
Wer etwa von der einen Speise nicht essen kann, dem bleibt zur Stärkung die andere.
Zwei gekochte Speisen sollen also für alle Brüder genug sein.
Gibt es frisches Obst oder frisches Gemüse, reiche man es zusätzlich.

Hühnersuppe

Huhn oder Hühnerteile, 1 großes Suppengrün mit Wurzelwerk (1 Karotte, 1 gelbe Rübe, 1 Stange Lauch, 1 kleine Zwiebel, 2 Knoblauchzehen, ein paar Stiele Petersilie), etwas Salz, 2 Wacholderbeeren, ein paar Pfefferkörner, 1 Lorbeerblatt, evtl. etwas Liebstöckel, Wasser

Huhn (Hühnerteile) waschen, Gemüse putzen und alle Zutaten in einen großen Topf mit kaltem Wasser geben, Salz dazu und zum Kochen bringen. Langsam köcheln lassen, bis das Fleisch gut weich ist (1½–2 Stunden). Die Karotten etwas vorher herausnehmen, damit sie nicht zerfallen. Nun die Suppe abseihen. Das restliche Gemüse nicht weiterverwenden. Das feine Hühnerfleisch vom Knochen lösen, klein schneiden und beiseite stellen. Wenn die Suppe erkaltet ist, kann sie in den Kühlschrank. Dann lässt sich am nächsten Tag die Fettschicht, die sich oben gebildet hat, leicht wegnehmen. Traditionell kommen in eine Hühnersuppe Suppennudeln, die gekochten, in Würfel geschnittenen Karotten und das klein geschnittene Hühnerfleisch.

TIPP *Meine Großmutter hat gerne kleine „Bröselknöderl" in die Hühnersuppe eingekocht. Die Hühnersuppe wird so zu einer stärkenden Mahlzeit, als zweiten Gang gibt es dann eine leichte Mehlspeise.*

Bröselknöderl

2 Semmeln vom Vortag (oder noch älter), etwas Milch, 1 Ei, etwas Salz, Pfeffer, Muskat, 1 Löffel Mehl, 30 g Brösel

Semmeln in Milch einweichen und dann gut ausdrücken. In eine Schüssel geben, das Ei und die Gewürze beigeben, mit dem Mehl stauben, Brösel dazu und gut vermischen.
Kleine Knöderl formen und in der sanft kochenden Suppe für etwa 8 Minuten ziehen lassen.

Klösterliche Hauptspeisen für alle Tage

Die Klosterköchinnen und -köche haben bei der Planung und Auswahl der Hauptspeisen auf vieles zu achten, besonders wichtig sind drei Aspekte: Zeit, Aufwand, Kosten.
Alle Speisen müssen unkompliziert zuzubereiten sein. Für Tüfteleien ist keine Zeit. Frische Artischocken wird man in der Klosterküche genauso nicht finden wie ein aufwändig vorzubereitendes Gemüse, wie frischer Spargel, wo jede Stange einzeln geschält werden muss. Solche Speisen haben Platz in den großen Küchen, wo auch Hilfskräfte arbeiten. Oder in ganz kleinen, in denen wie für eine Familie gekocht wird. Bei allen „mittleren" Küchen gilt in der Regel: einfach und überschaubar arbeiten. Wenn eine Köchin für 17 Personen kocht, muss sie ihre Zeit gut einteilen, sonst wird sie nie fertig.
Und dann noch das leidige Geld. Sparsam muss nämlich auch gekocht werden. Da kommt das „Kochen im Jahreskreis" gerade recht, denn Obst und Gemüse sind dann am billigsten, wenn sie Saison haben.
„Klosterspeisen" kommen zum einen aus der guten alten Hausmannskost, vor allem die Fleischspeisen. Da wird Gulasch gekocht und Krautfleisch, Naturschnitzel und Grillkotelett, Wurst- und Grammelknödel und Erdäpfelgulasch. Zum anderen gibt es den Trend zur „alternativen Küche": zu vegetarischer Kost, Getreidespeisen und viel Gemüse. Auch im Kloster sind es oft Männer, die sich über ein schönes Stück Fleisch freuen. In den Frauenklöstern kommt viel Gemüse und Getreide auf den Tisch, Nudelspeisen gibt es da und dort, weil alle sie gern essen und weil sie billig sind. Alles in allem ist der Klostertisch bunt und vielfältig gedeckt. Besonders schön ist es, wenn die Klosterfrauen und -männer zu den Nahrungsmitteln, die zubereitet werden, auch eine besondere Beziehung entwickeln. Wenn sie wissen, dass Obst und Gemüse im eigenen Garten gewachsen sind, die Fische aus dem Klosterteich stammen oder die Schafe auf den Wiesen rund ums Kloster geweidet haben.

Kalbsvögerl

Für „Kalbsvögerl" verwendet man das Fleisch der Stelze vom Kalb. Der Name kommt wohl daher, dass sie gerollt werden und dadurch durch ihre Form an ein „Vögelchen" erinnern. „Kalbsvögerl" gelten als klassische Speise der Wiener Küche, wobei das Fleisch früher gerne mit einer Semmelknödel-Masse gefüllt und zum Braten in ein Kalbs(bauch)netz gebunden wurde. Die Kalbsstelze kann man sich im Geschäft vom Fachmann auslösen lassen. Das Zubereiten dieser Speise ist einfacher, als es klingt, wenn man einmal gelernt hat, mit Fleisch umzugehen. Das „Spicken" gelingt am besten mit einer Spicknadel aus dem Geschirrgeschäft. Spicken bedeutet in diesem Fall, dass das Fleisch mit Speckstreifen durchzogen wird. (Auch mit Gemüsestreifen kann man spicken.) Die Streifen werden in Richtung der Fleischfaser eingezogen, um das Fleisch saftiger zu erhalten.

1 hintere ausgelöste Kalbsstelze, 150 g Selchspeck zum Spicken (beim Fleischer verlangen), 1 Zwiebel, etwas Salz, 2 Esslöffel Butter, 1 Esslöffel Mehl, 120 ml Wasser (oder brauner Fond), Bindfaden zum Zusammenbinden

Die Kalbsstelze in vier Stücke teilen, die Häute entfernen und für zwei Minuten in einen Topf ins kochende Wasser legen. Herausnehmen, abtropfen lassen. Nun wird das Fleisch gespickt. Dazu den Speck in längere Streifen schneiden und mit der Nadel in das Fleisch einziehen. Jedes Stück wird zusammengerollt und gebunden (wie eine Roulade) und nun erst gesalzen. Die Zwiebel schälen und fein hacken. Wenn Speck übrig bleibt, diesen würfeln.
In einer Pfanne die Butter zerlaufen und heiß werden lassen und die gerollten Kalbsvögerl von allen Seiten andünsten (nicht knusprig braten). Herausnehmen und auf einem Teller beiseite stellen. In der Pfanne Zwiebel und Speckreste kurz andünsten, mit Mehl stauben, gut umrühren und mit der Flüssigkeit aufgießen. Auf diese Weise entsteht ein schöner Saft. Die Kalbsvögerl wieder hineinlegen, mit Saft übergießen und fertig dünsten. Vor dem Servieren wird der Bindfaden abgenommen. Man kann die Vögerl so servieren oder in Scheiben schneiden. Als Beilage in der klassischen Wiener Küche serviert man Erbsenreis.

Im Stift Herzogenburg in Niederösterreich kommt oft Lamm auf den Tisch. Ein Mittagessen „aus eigenem Anbau", denn die Schafe weiden auf den klösterlichen Wiesen. Die Schafe wachsen natürlich heran und das schmeckt man – ein „biologisches Produkt" also. Lammragout ist eine jener Speisen, die man, wenn man das Grundrezept verstanden hat, nach Lust und Möglichkeiten verändern kann. Man kann es bodenständig würzen oder orientalisch und das Ragout mit den verschiedensten Gemüsen zubereiten. Ob junge Kräuter, Karotten, Kürbis, Auberginen, Pilze – zum Lammragout passt alles.

Lammragout

750 g Lammfleisch (z. B. aus der Schulter oder Keule), 1 mittlere Zwiebel, 2 Knoblauchzehen, etwa 300 g Gemüse (Gemüseliebhaber können auch 500 g nehmen – z. B. 2 Karotten, 1 Sellerieknolle, 1 grünen Paprika, 4 Tomaten), gutes Öl zum Anbraten, etwas Salz und Pfeffer, 1 Lorbeerblatt, etwas Thymian und Rosmarin, 1 Esslöffel Mehl, 300 ml Suppe oder Wasser, ⅛ l Rotwein, Petersilie zum Bestreuen

Das ausgelöste Fleisch grob würfeln, Zwiebel schälen und klein schneiden, Knoblauchzehen schälen, Gemüse putzen und in Stücke schneiden. In einem Topf Öl erhitzen und das Fleisch kräftig anbraten. Nicht das ganze Fleisch auf einmal hineingeben, sondern nach und nach oder in Portionen braten. Danach das Fleisch herausnehmen und Zwiebel und das Gemüse in den Topf geben. Wenn es gut angedünstet ist, mit Mehl stauben, fest umrühren und mit Wasser oder Suppe aufgießen. Knoblauch hineinpressen, Salz, Pfeffer, Lorbeerblatt, Thymian und Rosmarin beifügen, durchrühren. Zuletzt kommt Rotwein dazu. Alles sanft schmoren lassen, bis das Fleisch weich ist (etwa 40 Minuten). Vor dem Servieren mit fein gehackter Petersilie bestreuen.
Zum Lammragout passen Kartoffeln aller Art, auch Polenta oder Nockerln. Oder einfach ein gutes Stück Brot.

Variationen Lammliebhaber empfehlen, das Ragout einmal „orientalisch" zu würzen. Mit je einem Teelöffel Kreuzkümmel, Koriander, Zimt. Als Gemüse ein paar Limetten mitschmoren und/oder ein paar Auberginen.
Ein „heimisches" Lammragout schmeckt ganz besonders, wenn man getrocknete Früchte – Marillen und/oder Zwetschken – mitdünstet. Auch dabei würzt man mit ein wenig Zimt. Das kräftige Lammfleisch verträgt das.

Lamm in Paprika

Diese Speise ist dem Gulasch sehr ähnlich, schmeckt aber milder.

750 g Fleisch ohne Knochen (z. B. Schulter oder Keule), Salz, Öl zum Anrösten, 1 große oder 2 mittlere Zwiebeln, 1 Esslöffel Mehl, 1 Esslöffel Rosenpaprika, ½ l Wasser, 2 Esslöffel Tomatenmark, ⅛ l Sauerrahm

Fleisch grobwürfelig schneiden (nicht zu klein) und salzen. Zwiebel abziehen und fein hacken. Öl in einem Topf oder einer Pfanne erhitzen, das Fleisch gut von allen Seiten anbraten und mit Mehl stauben, durchmischen, dann das Fleisch herausnehmen. In derselben Pfanne die gehackten Zwiebeln hell anrösten, Rosenpaprika hinzufügen, einmal durchrühren und gleich mit einem halben Liter Wasser aufgießen. Tomatenmark dazugeben und das Ganze sanft köcheln lassen, bis die Zwiebel gut zerfällt. Erst dann werden die Fleischstücke dazugegeben und fertig gekocht, bis sie weich sind. Zuletzt in den nicht mehr kochenden Saft den Sauerrahm einrühren. Möglichst heiß servieren. Dazu passen Nockerln oder Teigwaren, auch Salzkartoffeln.

Ein Blick in die Klosterküche von Herzogenburg

Herzogenburg liegt im niederösterreichischen Traisental, nicht weit von der Wachau. Das Stift der Augustiner-Chorherren, zu dem auch das Stift Dürnstein gehört, wurde ab 1714 von Jakob Prandtauer, dem berühmten Baumeister des Barock, neu errichtet. Neben Stift und Stiftskirche ist es vor allem der Garten, der die Besucher anlockt. Eine prächtige Anlage, der ein theologisches Konzept zugrunde liegt. Jakob Prandtauer war berühmt dafür, die Bauwerke nicht für sich, sondern in die Landschaft eingebettet zu sehen. Der Garten an der Ostfassade des Klosters Herzogenburg ist der Prälatengarten, dort kann man am Morgen herrlich erleben, wie der Tag erwacht. Wer sich Zeit nimmt für den Garten Herzogenburgs, geht „den Weg der Bibel". Am Anfang steht der Garten des Paradieses, am Ende die himmlische Stadt Jerusalem. Ein Weg „vom Garten zur Stadt, von der Natur zur Kultur, von der Schöpfung zur Vollendung", so lautet die Erklärung der Herzogenburger Chorherren. Eine wundervolle Bibliothek hat das Stift ebenfalls. Und wer dort im Winter Abt Maximilian Fürnsinn, dem Prälaten, begegnet, der in seinen großen schwarzen Umhang gehüllt ist, wähnt sich ob der schlichten und doch fürstlichen Pracht als ein Reisender in längst vergangene Zeiten.

Nur ein paar Schritte weiter liegt die warme Küche. „Ich mag es nicht, wenn Lebensmittel weite Reisen machen müssen", sagt Frau Eva, Stiftsköchin in Herzogenburg. Sie bekocht neben den Chorherren auch immer wieder Gäste, denn das Stift ist Station auf einem Pilgerweg. Etwa 16, 17 Personen sitzen bei Tisch, Frau Eva kocht allein und das schon seit Jahren. Eine praktische Person, die ihre Küche fest im Griff hat. Weintrauben im Winter kämen ihr nicht auf den Tisch, sie achtet darauf, dass sie die Produkte aus der unmittelbaren Umgebung verarbeitet.

Zum Stift gehört ein Fischteich, von dort kommen die Forellen. Auf den Klosterwiesen weiden Schafe, und daher steht oft Lammfleisch auf dem Speiseplan. Herr Leopold – Augustiner-Chorherren sind keine Patres, sondern Herren –, als Gastmeister des Stiftes auch für den Speiseplan zuständig, ist mit der Stiftsküche mehr als zufrieden. Besonders aber freut er sich über alles vom Lamm – Keule, Braten und auch Ragout. Leicht hat es die Stiftsköchin ja nicht – sie ist von Fachleuten umgeben. Der hochwürdigste Abt Maximilian hat in seiner Jugend das Fleischerhandwerk erlernen müssen, er weiß über Fleischqualität Bescheid und darüber, wie ein gutes Stück Fleisch auf den Tisch kommen soll. Der Abt schätzt auch „Würstel aller Art", so viel gibt die Köchin preis. Und dass sie gern öfter fleischlose Speisen kochen würde, nicht nur zur Fastenzeit, aber – Frau Eva lacht und der Herr Gastmeister muss auch lachen – die Herren von Herzogenburg sind eben in der Mehrheit begeisterte Fleischesser, aus ihnen macht die beste Köchin keine Vegetarier, ihnen reichen die Fasttage.

Es herrscht eine fröhliche und familiäre Stimmung im Stift Herzogenburg. Auch die weltlichen Mitarbeiter und Mitarbeiterinnen sind, so hat man den Eindruck, dem Haus eng verbunden. Das ganze Stift strahlt eine gute, freundliche Energie aus, und die Stiftskirche ist ein Ort, wo man gerne länger verweilt. Ein guter Platz zum Leben und zum Arbeiten.

Bunter Fleisch-Gemüse-Topf

Eine handfeste Speise, die unkompliziert zuzubereiten ist und sich auch am nächsten Tag gut aufwärmen lässt. Dass eine Speise zwei Tage hintereinander gegessen wird, ist in allen klösterlichen Küchen selbstverständlich. In Herzogenburg steht sogar am Monatsspeiseplan immer auch einmal zu lesen: „Reste vom Vortag".

400 g mageres Rindfleisch, 400 g Schweinefleisch, 400 g Zwiebeln, 2 Esslöffel Rosenpaprika, ca. 1 l Wasser, 400 g Paradeiser, Öl zum Anrösten, etwas Salz, Pfeffer, je 1 Esslöffel Thymian oder Rosmarin oder Salbei (frisch oder getrocknet), 400 g Erdäpfel, 400 g Paprikaschoten, ½ Becher Sauerrahm (⅛ l), Petersilie zum Bestreuen

Das Fleisch in Würfel schneiden (wie für Gulasch). Zwiebeln schälen und hacken. In einem großen Topf Öl erhitzen und die Zwiebeln kurz anrösten, Fleischwürfel dazugeben und durchrösten. Rosenpaprika darüberstreuen und sofort mit Wasser (ca. 1 Liter) ablöschen. Pfeffer, Salz und Gewürze dazugeben und alles zugedeckt ganz sacht eine Stunde köcheln lassen. Immer wieder umrühren, sollte die Flüssigkeit aufgesaugt sein, noch Wasser zugießen.

In der Zwischenzeit Erdäpfel schälen und würfelig schneiden, Paprika entkernen und in Streifen schneiden, von den Paradeisern (Tomaten) den Stielansatz wegschneiden und die Früchte würfelig schneiden.

Nach einer Stunde Kochzeit Gemüse und Erdäpfel zum Fleisch geben und fertig kochen, bis alles gar ist.

Der Fleisch-Gemüse-Topf sollte einen guten Saft entwickeln, möglicherweise müssen Sie noch Wasser zusetzen. Abschmecken und – wenn es sein muss – ein wenig Suppenwürze zusetzen. In die nicht mehr kochende Masse den Sauerrahm einrühren. Vor dem Servieren mit gehackter Petersilie bestreuen. In diesem „Topf" ist alles drin, dazu braucht es nur mehr ein Stück Brot.

Krautwickler

Eine Klosterspeise aus der Klosterschenke des bayrischen Klosters Weltenburg an der Donau.

Für diese „Wickler" benötigt man die äußeren und mittleren Blätter vom Krautkopf – etwa 8 Stück.
150 g Zwiebeln, Butter zum Anschwitzen, 2 altbackene Semmeln, etwa ⅛ l Milch (die Menge hängt davon ab, wie hart die Semmeln sind), 500 g Hackfleisch, 2 Eier, Salz, Pfeffer, Kümmel, Muskatnuss, Majoran, 200 ml Brühe, 150 g Speckwürfel, 250 ml Dunkelbier, etwas Stärkemehl

---

Die Krautblätter vom Kopf ablösen und in kochendem Wasser blanchieren, herausnehmen und abtropfen lassen. Die harte Mittelrispe herausschneiden, dann lässt sich das Blatt leichter einrollen. Zwiebeln fein hacken und in Butter anschwitzen, die Semmeln mit heißer Milch übergießen, die Zwiebeln dazugeben und stehen lassen.

In einer breiten Schüssel das Hackfleisch mit den Eiern vermengen, die Semmelmasse dazugeben und würzen: Salz, etwas Pfeffer, Kümmel, Muskatnuss und Majoran. Alles gut verkneten.
Ein Krautblatt nach dem anderen mit dieser Masse füllen, an den Querseiten einschlagen und dann rollen – ein schönes rundes Paket soll entstehen. In eine feuerfeste Form nebeneinanderlegen, Brühe dazugießen und Speckwürfel darüberstreuen.
Im Ofen bei mittlerer Hitze 50–60 Minuten garen. Wenn die Wickler gar sind, kommen sie heraus und der Saft wird fertig bereitet: Das Dunkelbier wird hineingegossen und aufgekocht, der Saft mit etwas Stärkemehl gebunden.
Die Krautwickler auf Tellern anrichten und mit der Soße überziehen. Dazu passt „klassisch" Kartoffelpüree mit Röstzwiebeln.

TIPP *In Weltenburg stammt das Dunkelbier aus der Klosterbrauerei, diese Speise kann also „nie genau so schmecken", sagt die Köchin. Mangels Klosterbier nimmt man zum Nachkochen eine Flasche dunkles Bier oder Malzbier. Grundsätzlich ist die Kombination ideal: Der Geschmack des dichten, sanft süßlich schmeckenden Bieres passt gut zu den deftigen Krautrouladen.*

Käse-Fleischlaibchen

Eine Speise, die im Stift Klosterneuburg serviert wird. Die Augustiner-Chorherren, die im Stift Klosterneuburg bei Wien leben, kommen aus vielen verschiedenen Ländern dieser Erde. Der Stiftskoch, Herr Werner, trägt dem Rechnung und hat sich von der griechischen Küche inspirieren lassen. Er verfeinert die bodenständigen Fleischlaibchen mit etwas Käse.

2 alt gewordene Semmeln („Schneidsemmeln"), 1 Zwiebel, 2 Knoblauchzehen, Öl zum Andünsten, Salz, Pfeffer, Majoran oder Oregano, 700 g Faschiertes, 1 Ei, 1 Schüsselchen bröckeliger, eher trockener Schafkäse (oder geriebener Hartkäse), Öl für die Pfanne, 1 Schüsselchen Brösel

Die beiden Semmeln in Wasser oder etwas Milch einweichen, 10 Minuten stehen lassen und dann sacht ausdrücken.
Zwiebel schälen und fein hacken, Knoblauch schälen. In einer Pfanne Öl erhitzen und die Zwiebeln andünsten. Den Knoblauch mit der Knoblauchpresse dazupressen. Die Zwiebel soll glasig sein. Dann ein wenig überkühlen lassen. Gewürze dazugeben und auch die ausgedrückten Semmeln, alles gut vermischen.
Nun das Faschierte in eine weite Schüssel geben, den Inhalt der Pfanne dazu und das Ganze gut vermischen. Ei und Käse hineingeben, alles gut vermengen. Es soll eine geschmeidige Masse entstehen. Am besten kosten Sie jetzt. Wenn Ihnen die Masse würzig genug scheint, ist der Geschmack richtig. Ansonsten hilft ein wenig Majoran. (Manchmal, wenn sich die Köchin unbeobachtet fühlt, gibt sie einen Spritzer vom Senf oder Ketchup dazu, das rundet den Geschmack ab.)
Öl in einer Pfanne erhitzen. Laibchen formen, in Bröseln wenden und auf beiden Seiten nicht zu dunkel herausbraten.
Die Laibchen werden warm gegessen. Sollten vom Mittagstisch Laibchen übrig sein, so schmecken sie auch kalt sehr gut und geben mit Senf oder Gurkerl ein feines Abendessen.

TIPP *Fleischlaibchen kann man auch aus Lammfleisch zubereiten. Als Würzung empfiehlt sich statt Majoran und/oder Oregano reichlich Rosenpaprika und gehackte Petersilie.*

In Klosterneuburg serviert der Koch zu den Laibchen Kartoffelpüree mit grünen Farbklecksen:

Kartoffel-Kräuter-Püree

750 g Kartoffeln, Salzwasser zum Kochen, 1 nussgroßes Stück Butter, etwas Salz und geriebene Muskatnuss, 200 ml warme Milch, 1 kleine Zwiebel oder Schalotte, 3–4 Esslöffel fein gehackte Kräuter, etwas Öl für die Pfanne

Kartoffeln waschen, schälen, in grobe Stücke schneiden und in leicht gesalzenem Wasser weich kochen. Danach das Wasser abgießen und die Kartoffeln noch heiß weiterverarbeiten – entweder passieren oder mit einem „Kartoffelstampfer" breiig stampfen. Das Püree braucht nun etwas Salz, Muskatnuss und ein kleines Stück Butter, dazu warme Milch, die sollte in kleineren Portionen dazukommen, nie alles auf einmal – es könnte zu viel Milch sein. (Die Beschaffenheit eines Pürees hängt auch von den Kartoffeln ab). Die Masse soll glatt werden. Man kann das Püree auch mit dem Handmixer durchrühren. Wenn es etwas steht, zieht es Flüssigkeit an, dann muss noch etwas warme Milch zugegossen werden. Püree also beiseite stellen. Zwiebel fein hacken, Kräuter fein hacken. In einer Pfanne Öl erhitzen, die Zwiebel goldgelb anbraten, dann erst die Kräuter dazugeben, kurz durchrühren und alles unter das Püree mischen.
Für ein Kartoffel-Kresse-Püree wird die Kresse nicht angedünstet, sondern frisch in das Püree gestreut.

Kohlrabi *mit Buchweizenfülle*

Der Gemüsegarten im Kloster Wernberg ist ein idealer Boden für Kohlrabi. Die runden weißen oder blauen Kohlrabi können bereits im Frühjahr von den sogenannten „Mistbeeten", also besonderen Kompostbeeten, geerntet werden. Buchweizen hat eine wohltuende Wirkung auf Magen und Darm.

4 große Kohlrabi (oder 8 kleine), 1 Zwiebel, 2 Knoblauchzehen, Butter oder Öl zum Anrösten, ½ l Wasser, Salz, 1 Teelöffel geriebene Muskatnuss, Prise Koriander, 250 g Buchweizenkörner, 1–2 Esslöffel gehackte Petersilie, auf Wunsch 1 Ei, ein wenig geriebener Hartkäse, etwas Suppe oder Gemüsebrühe

---

Kohlrabi schälen, die grünen Blätter abschneiden – sie kommen in die Fülle. Oben einen Deckel abschneiden (und aufheben). Die Früchte gut aushöhlen, sodass man sie wie einen Paprika füllen kann. Das herausgeschnittene Gemüse wird fein gehackt, auch die grünen Blätter. Die Zwiebel und Knoblauchzehen abziehen und fein hacken. In einer Pfanne Öl oder Butter erhitzen, Zwiebel und Knoblauch anschwitzen, das feine Kohlrabi-Hack und die gehackte Petersilie dazugeben, auch Salz, Muskatnuss, Koriander, und kurz durchrühren.
Für die Fülle: Buchweizenkörner erst kalt, dann heiß gründlich waschen, mit dem Wasser und einer Prise Salz in einem Topf zum Kochen bringen. Die gewürzte Gemüsemischung beifügen und sanft dünsten lassen, bis die Körner weich sind (ca. 20 Minuten). Überkühlen lassen. Wenn die Fülle schön „klebt", kann man sie so belassen, ansonsten empfiehlt es sich, ein Ei oder auch ein paar Löffel Suppe beizufügen. Alles gut durcharbeiten, wer geriebenen Käse möchte, mischt ihn unter die Fülle.
Die Kohlrabi füllen, die Deckel oben daraufsetzen. In eine feuerfeste Form ein wenig Gemüsebrühe oder Suppe hineingießen und die Kohlrabi dicht nebeneinandersetzen. Die Form ins vorgeheizte Backrohr schieben und bei mittlerer Hitze etwa eine ½ Stunde fertig garen.

TIPP *Sollte Fülle übrig bleiben, so kann man daraus Nocken oder Laibchen formen und sie in einer Pfanne mit heißem Öl herausbacken.*
Wenn Sie es eilig haben, ist es besser, die Fülle am Tag vorher vorzubereiten. Sie ist nicht aufwändig, soll aber zum Füllen der Kohlrabi abgekühlt sein – und das dauert eben seine Zeit.
Zu den gefüllten Kohlrabi passt Kartoffelpüree oder einfach Brot. Im Kloster Wernberg werden sie mit Paradeissugo garniert.

Paradeissugo

1 Zwiebel oder Lauch, 2 Knoblauchzehen, Öl für die Pfanne; 1 Schüssel Paradeiser (ca. 500 g), Salz, evtl. 4 Kapernbeeren, Prise Zucker, frische „italienische" Kräuter (z. B. Basilikum, Thymian, Oregano, Rosmarin) oder „was der Garten hat"

Zwiebel (oder Lauch) und Knoblauchzehen schälen, fein schneiden und in Öl sanft anschwitzen. Von den Paradeisern die Stielansätze herausschneiden und die Früchte würfelig schneiden. Diese samt Salz, gehackten Kräutern und einer Prise Zucker in die Pfanne geben, Kapernbeeren dazu, gut durchrühren und sanft köcheln lassen, bis alles etwas eingedickt ist.

TIPP *Wenn von diesem Sugo übrig bleibt, ist das eine gute Basis für eine Gemüse- oder Tomatensuppe. Oder aber gleich ein Sugo für eine Nudelspeise.*

Erdäpfelgulasch

Diese traditionelle Speise aus Omas Küche kommt in vielen Klosterküchen auf den Tisch. Sie ist billig, sättigend und recht einfach zu kochen. Erdäpfelgulasch kann mit oder ohne Wurst bereitet werden. Auch gebratene Tofuwürfel als Wurstersatz passen zum Erdäpfelgulasch, sie werden aber erst ganz zuletzt zugegeben, sie müssen nicht mehr kochen.

TIPP *Von dieser Speise sollte man eher zu viel als zu wenig kochen, es schmeckt auch aufgewärmt gut.*

2 große Zwiebeln, 60 g Fett zum Anrösten, 1 Esslöffel Rosenpaprika, 1 Esslöffel Essig, 4 Esslöffel Tomatenmark oder etwas Tomatensoße, etwas Salz und Kümmel, 2 Knoblauchzehen, 1 kg Erdäpfel, auf Wunsch ½ Kranz Dürre Wurst (feinere Variante: 2 Paar Debreziner Würstchen)

Zwiebeln abziehen und hacken. Fett in einem großen Topf erhitzen und die Zwiebeln goldgelb rösten. Rosenpaprika beifügen, einmal umrühren und rasch mit Essig ablöschen. Tomatenmark dazugeben, Salz und Kümmel, Knoblauchzehen hineinpressen und alles ein paar Minuten sanft köcheln lassen.
Erdäpfel schälen, in Würfel schneiden und in den Topf geben. Mit etwas Wasser aufgießen, damit die Erdäpfel gut bedeckt sind. Zugedeckt sanft köcheln lassen, bis alles weich ist. Die Erdäpfel können ruhig zerfallen, da wird das Gulasch sämig und schmeckt sehr gut.
Nun zur Wurst: Verwendet man Debreziner Würstchen, so werden diese in Scheiben geschnitten und kommen zuletzt hinein. Verwendet man die würzigere Dürre Wurst, wird sie in Würfel geschnitten (kleiner als die Erdäpfelwürfel), diese werden in etwas Fett angeröstet und kommen nun ins Gulasch. Die Röststoffe der Wurst verfeinern den Geschmack.

TIPP *Zum Erdäpfelgulasch gibt es Brot oder Gebäck.*

Gefüllte Paradeiser

Sie können die Paradeiser auf dieselbe Weise wie die gefüllten Kohlrabi zubereiten. Oder aber man füllt die Paradeiser mit Fleisch. Verwenden Sie am besten die großen Fleischparadeiser.

4 große Paradeiser, 250 g Faschiertes, 1 Ei, Salz, Pfeffer, 2 Knoblauchzehen, 1 Zwiebel, etwas Öl, ein paar Esslöffel gehackte Kräuter (z. B. Thymian, Rosmarin, Basilikum, Oregano, Petersilie), etwas Käse (Mozzarella) zum Überbacken

Paradeiser aushöhlen, Fruchtfleisch klein schneiden. Zwiebel schälen, fein hacken und in etwas Öl andünsten. Faschiertes in einer Schüssel mit Ei, Gewürzen und Kräutern mischen, Knoblauch dazupressen, gerösteten Zwiebel hineingeben. Abschmecken und wenn nötig mit einem Löffel Senf den Geschmack verbessern. Mit dieser Fülle die Früchte füllen und in eine feuerfeste Form setzen. Etwas Käse obenauf (z. B. Mozzarella) und im Backrohr bei mittlerer Hitze etwa 20 Minuten backen.

TIPP *Diese Paradeiser sind sowohl Hauptspeise als auch Vorspeise und schmecken auch gut, wenn sie abgekühlt (nicht kalt) sind.*

Das Kloster Wernberg liegt in Kärnten, in engster Nachbarschaft zu Slowenien und Italien. Nudelspeisen sind dort an der Tagesordnung. Auch wird viel mit Dinkel gekocht, die Dinkel-Vollkornspaghetti werden im klösterlichen Betrieb erzeugt, das Gemüse fürs Ragout kommt aus dem Garten.

Gemüseragout
mit Dinkel-Vollkornspaghetti

Das Gemüseragout wird stets neu „komponiert", je nachdem, welche Früchte im Garten erntereif sind. Hier ein Vorschlag für ein „klassisches" Spaghetti-Ragout. Am schönsten ist es, wenn es „so bunt und vielfarbig wird wie die Welt".

1 Zwiebel oder 1 Stange Lauch, 2 Knoblauchzehen, 1 Zucchino, 1 Paprika (vielleicht gelb oder rot), 1 Aubergine, evtl. 1 Fenchelknolle, 2 Karotten und ein paar Paradeiser, Salz, Pfeffer, frische Kräuter (z. B. Basilikum, Salbei, Rosmarin, Thymian, Oregano, Petersilie), auf Wunsch Parmesan zum Bestreuen
600 g Vollkornspaghetti, ein Spritzer Öl, etwas Salz für das Kochwasser

---

Das Gemüseragout wird dann am besten, wenn man es langsam auf kleinster Flamme schmoren und in Ruhe „nachziehen" lässt. Man kann es auch gut am Vortag bereiten und vor dem Essen nochmals erwärmen. Verwenden Sie „gutes Öl", es muss nicht unbedingt Olivenöl sein, auch Sonnenblumen-, Raps- oder andere Öle gibt es von guter Qualität. Sie erkennen es sofort am Geruch. Die Massenware riecht kaum, ein gutes Öl duftet.
Zwiebel und Knoblauch schälen und fein schneiden, die restlichen Gemüse waschen, trocken reiben, Stielansätze von Zucchino, Aubergine und Karotten wegschneiden; Paprika entkernen, von der Fenchelknolle die Fasern der äußeren Hülle abziehen. Alles in Scheiben oder Würfel schneiden. Die Stielansätze von den Paradeisern schneiden, die Früchte würfelig schneiden. (Wenn die Früchte schön und frisch sind, muss man die Haut nicht abziehen.) Kräuter hacken.

Öl in einem Topf erhitzen, Zwiebel und Knoblauch anlaufen lassen, dann Paprika und Karotten, Salz und Pfeffer hineingeben, die Paradeiserwürfel und die Kräuter dazu und sanft dünsten. Ein wenig später die Auberginenwürfel hineingeben und zuletzt die Zucchiniwürfel. Das alles soll zugedeckt langsam schmoren. In alten bäuerlichen Küchen stand so ein Topf stundenlang am Holzherd, so konnte das Ragout einen wunderbaren Geschmack entwickeln.

Rechtzeitig vor dem Essen einen großen Topf mit reichlich Wasser füllen, dazu etwas Öl und Salz und die Spaghetti ins kochende Wasser geben. Gut durchrühren und kochen, bis sie bissfest sind. Abseihen, in ein wenig Öl schwenken und in einer vorgewärmten Schüssel zum Tisch bringen. Das Ragout nimmt jeder selbst dazu, so viel er mag.

TIPP *Wenn Sie gern Parmesan darüberstreuen, kaufen Sie sich doch ein Stück Käse und reiben Sie ihn selbst, vielleicht sogar erst bei Tisch. Das riecht anders und das schmeckt anders als der bereits geriebene Parmesan aus dem Säckchen.*

Grünkernlaibchen

Sie kommen im Kloster Marienkron in Mönchhof auf den Mittagstisch.

200 g Grünkern, ½ l Wasser oder Gemüsebrühe, 1 Zwiebel, etwas Öl, 1 Ei, etwas Salz, Pfeffer, gemahlener Kümmel, frische gehackte Kräuter, einige Löffel Semmelbrösel zum Binden, Öl für die Pfanne

Wenn es schnell gehen muss, ist es einfacher, die Körner bereits am Vortag zu kochen.
Grünkern in Wasser oder Brühe aufkochen und auf kleinster Flamme sacht köcheln, zudecken und „nachziehen" lassen. Erst wenn die Körner überkühlt sind, werden sie faschiert.
Dann werden die Laibchen wie Fleischlaibchen verarbeitet: Zwiebel schälen und fein hacken, in einer Pfanne in etwas Öl anschwitzen und weich dünsten. Nun wird die Grünkernmasse mit dieser Zwiebel vermischt, dazu kommen Gewürze, Ei, gehackte Kräuter und zwei Löffel Semmelbrösel. Alles gut vermengen und etwa 15 Minuten beiseite stellen. Ist die Masse zu feucht, noch Semmelbrösel beifügen. Oder aber Sie formen sofort Laibchen und wälzen sie kurz in Semmelbröseln. In einer Pfanne Öl erhitzen und Laibchen sacht auf beiden Seiten braten.

Dazu serviert die Küche
Selleriepüree

1 Knolle Sellerie, etwas Öl, 1 gekochte Kartoffel (oder eine rohe, geschält und klein geschnitten), etwas Salz, ⅛ l Milch, 150 ml Gemüsebrühe, gehackte Petersilie zum Garnieren

Sellerie schälen und fein schneiden, Kartoffel schälen, in Würfel schneiden. In einen Topf mit Gemüsebrühe geben, salzen und zum Kochen bringen. Sacht köcheln lassen, bis alles weich ist. Im Küchenmixer pürieren und abschmecken. Mit gehackter Petersilie bestreuen.

Laibchen *aus Getreidekörnern*

Sie stehen in allen Klosterküchen am Speiseplan: Hirselaibchen im Stift Geras, Kornlaibchen im Stift Heiligenkreuz, Dinkellaibchen im Kloster Wernberg.

Dazu gibt es Salat oder Gemüse oder eine feine Soße. Im Prinzip gilt das Rezept für Grünkernlaibchen auch für andere Getreidekörner: Die Körner werden gekocht und faschiert, gewürzt, mit einem Ei und etwas Semmelbröseln oder Haferflocken gebunden und herausgebacken. Wobei man bei der Würzung seine Fantasie spielen lassen kann: Von bodenständig-deftig bis orientalisch ist alles möglich. Laibchen kann man auch aus (Dinkel-, Buchweizen-)Schrot bereiten, dann muss man nicht faschieren. Die kleinen Hirsekörner werden ebenfalls nicht faschiert, sondern nur gekocht und weiterverarbeitet.

In der Stiftsküche von Geras kombiniert die Köchin ihre Laibchen mit einer Käsesoße:
Käsesoße

2 Ecken Schmelzkäse (125 g), ½ l Gemüsebrühe, 1–2 Knoblauchzehen, ein Spritzer Zitronensaft, etwas Salz, Pfeffer, Muskatnuss, fein gehackte, frische Kräuter, besonders fein: 1 Esslöffel Mandelmus (oder 2 Esslöffel sehr fein gehackte Nüsse)

Gemüsebrühe in einem Topf erwärmen, aber nicht zum Kochen bringen. Käse hineingeben und mit einem Schneebesen gut unterrühren und verquirlen. Mandelmus oder Nüsse einrühren. Knoblauchzehen schälen und hineinpressen, Gewürze und zuletzt die Kräuter dazugeben.

An das Kloster Marienkron in Mönchhof ist ein traditionsreiches Kneipp-Kurhaus angeschlossen, in das die Gäste nicht nur für ihre Wasserkuren, sondern auch zum Fasten, Entschlacken und nicht zuletzt zum Abnehmen kamen und kommen. Wer fastet, freut sich auf die erste, karge Speise danach. Darf man wieder essen, genießt man alles viel intensiver. Zum Beispiel den Spinatpudding, den Schwester Martina in früheren Jahren regelmäßig zubereitet hat. Als meine Mutter vor Kurzem nach Mönchhof fuhr, erhielt sie von einer Bekannten den Auftrag, Schwester Martina das Rezept dieses kalorienarmen Spinatpuddings zu entlocken, den sie vor beinahe 20 Jahren (!) anlässlich eines Kuraufenthalts genossen hatte. Schwester Martina, befragt, lächelte verschmitzt und meinte: „Na ja, irgendetwas muss ich schon hineingeben. Ein bisschen Milch, ein bisschen Mehl ... aus Spinat allein kann man keinen Pudding machen." Hier die verfeinerte Variante für einen Mittagstisch außerhalb der Kur:

> ❋ *Schwester Benedikta aus der Abtei Frauenwörth von der Fraueninsel am Chiemsee* ❋
>
> *„Fasten ist eine sehr persönliche Angelegenheit. Und es hat nicht immer mit Essen zu tun. Da ist so vieles, auf das man verzichten kann."*

Spinatpudding

500 g Spinat (oder eine Tiefkühlpackung Blattspinat), Öl für die Pfanne, 40 g Butter, 2 Eier, etwas Salz und Muskatnuss, 2 altbackene Semmeln, etwas Milch (zum Einweichen), 1–2 Esslöffel Vollkornmehl, Butter und Brösel für die Form

Spinat waschen und abtropfen. In einer Pfanne etwas Öl erhitzen, Spinat hineingeben, bis er „zusammenfällt". Kurz andünsten und herausnehmen. Semmeln in Milch einweichen, gut ausdrücken. In der(selben) Pfanne die 40 g Butter weich werden lassen, die ausgedrückten Semmeln, Salz und Muskatnuss dazugeben und alles gut durcharbeiten. Eier einrühren und Spinat beifügen. Ist die Masse zu feucht, gibt man Vollkornmehl dazu. Puddingform ausfetten und mit Semmelbröseln bestreuen. Spinatmasse einfüllen, Form gut verschließen und in einem Topf mit reichlich Wasser etwa 45 Minuten sieden.

TIPP *Wenn Sie keine Puddingform haben, können Sie einen Spinatauflauf zubereiten: Die Masse in eine befettete und bemehlte Auflaufform geben und eine halbe Stunde im Backrohr backen. Der Spinatauflauf wird feiner, wenn man nur Eigelb einarbeitet und aus Eiklar Schnee schlägt, den man zuletzt unterhebt.*

Kürbislaibchen

1 kg Kürbisfleisch, etwas Salz und Pfeffer, 2 zerdrückte Knoblauchzehen, 4 Esslöffel (Vollkorn-)Grieß, 250 g geriebener Hartkäse, 1 Ei, gehackte Petersilie, Semmelbrösel, Öl für die Pfanne

---

Da das Kürbisfleisch sehr feucht ist, ist die Verwendung von Vollkorngrieß zu empfehlen – Vollkornprodukte binden die Feuchtigkeit.
Kürbis schälen und Kerne entfernen, anschließend mit der Gemüsereibe klein raspeln. Etwas Salz zufügen und alles in einem Sieb eine Stunde stehen lassen, damit die Flüssigkeit abtropft. Anschließend auf ein Küchentuch schütten und gut alle Feuchtigkeit herausdrücken. In eine Schüssel geben, die anderen Zutaten kommen dazu und all das wird zu einem Teig verarbeitet. Kleine Laibchen formen und diese in Semmelbröseln wälzen. In einer Pfanne Öl erhitzen und die Laibchen auf beiden Seiten goldbraun backen.

TIPP *Dazu passen Kräuter-Joghurt, Erdäpfel und Salat.*

Kräuter-Joghurt

Bitte keinen fettarmen Joghurt verwenden, das wird zu dünn!
1 Becher Joghurt, 1 zerdrückte Knoblauchzehe, etwas Salz und eine Handvoll fein gehackte Kräuter – alles gut vermischen und eine halbe Stunde stehen lassen, damit sich der Geschmack entfalten kann.

Im Kloster Wernberg kommt besonderer Joghurt auf den Tisch: Der Kloster-Joghurt aus dem klostereigenen Betrieb ist aufgrund der hervorragenden Qualität mit einer Goldmedaille ausgezeichnet worden.

Kürbistopf *mit Paprika*

1 kg Kürbisfleisch, 1 große Zwiebel, Öl zum Anrösten, 1 Paprika, 1 Esslöffel Rosenpaprika, 1 Spritzer Essig, 2 Esslöffel Paradeismark (oder ein wenig Paradeissoße), etwas Salz, Pfeffer, Kümmel und eine Prise Zucker, 2 Knoblauchzehen, ½ Becher Sauerrahm. Evtl. ein wenig Suppe zum Aufgießen.

Kürbis schälen, entkernen und kleinwürfelig schneiden. Zwiebel schälen und klein schneiden, Paprika waschen, entkernen und in Streifen schneiden. Öl in einem Topf erhitzen und die Zwiebel goldgelb anrösten, Paprikastreifen dazugeben und fünf Minuten gut durchschwitzen. Rosenpaprika hinein, einmal umrühren und mit einem Spritzer Essig ablöschen. Zuerst Paradeismark (-soße), dann Kürbis und Gewürze dazugeben, Knoblauchzehen hineinpressen und alles ganz sanft dünsten. Wenn Flüssigkeit fehlt, mit etwas Suppe oder Paradeissoße aufgießen. Zuletzt den Sauerrahm unterrühren.

TIPP *Dazu passt Brot. Der Kürbistopf eignet sich aber auch als Beilage zu einem kräftigen Stück Fleisch, wie Rind, Wild oder gut gewürzten Koteletts.*

Kürbistopf-Variationen *Kürbis lässt sich wunderbar mit anderen Gemüsen kombinieren. Karotten passen gut zum Kürbis, auch Erdäpfel, Erbsen und sogar Blattspinat. Man muss nur die Garzeit der einzelnen Gemüse bedenken und sie in der richtigen Reihenfolge in den Topf geben.*

Wer je eine Kürbispflanze im Garten hatte, weiß: Wenn sich eine Kürbispflanze wohlfühlt, gibt es reichliche Ernte. In allen Klostergärten werden Kürbisse angebaut, und so ist der Kürbis in vielerlei Variationen gern gesehener Gast am Mittagstisch. Er ist köstlich, gesund und aufgrund seiner schönen Blüten und der sich immer mehr rundenden Gestalt ohnehin bereits ein lieber Bekannter, dem man bereits geraume Zeit zuerst beim Blühen, dann beim Wachsen zusehen konnte. Zubereitet wird er sehr oft als Kürbissuppe, Kürbisgemüse, aber auch Kürbiskuchen und eben Kürbislaibchen.

Im Kloster Habsthal in Oberschwaben kochen die Benediktinerinnen für ihre kleine Gemeinschaft selbst. Der Speiseplan wird nur bedingt eingehalten – das Gemüse im Garten hält sich nicht an Pläne, es wird manchmal schneller reif und manchmal langsamer. Besonders oft gibt es in Habsthal Zucchini – sie gedeihen im Garten wunderbar und alle lieben die sanften Früchte. Gefüllt werden sie zumeist mit einem Rest gekochten Getreides vom Vortag. In diesem Rezept wird Hirse zum Füllen verwendet, sie enthält wertvolle Stoffe für Haut und Knochen und stärkt die Verdauung. Eine genaue Mengenangabe ist nicht möglich, die Zucchini sind manchmal riesengroß und manchmal von mittlerer Größe.

In jeder Familie kommen Speisen auf den Tisch, die in enger Beziehung zur Familiengeschichte stehen. So ist es auch im Kloster. Im Stift Heiligenkreuz im Wienerwald hat Pater Markus den Küchenplan für Jahre geprägt. Selbst jetzt, wo er außerhalb des Klosters in einer Pfarre tätig ist, essen die Mitbrüder, die Hausangestellten und die Gäste Pater Markus' Leibspeisen und freuen sich dran. Pater Markus kommt aus Italien, ist gelernter Koch und hat seine heimatliche Küche vermisst. Also hat er der Stiftsköchin das Tor zur italienischen Kochkunst geöffnet. „Nudelspeisen kommen bei uns oft auf den Tisch", sagt Frau Christine, die Köchin. „Alle Arten der italienischen Teigwaren, Lasagne, Gnocchi. Das haben wir vom Pater Markus übernommen. Es passt aber auch gut in unseren Speiseplan, denn Nudelspeisen kann man auch an Fasttagen kochen – und davon gibt es im Kloster ja reichlich."

Gratinierte Zucchini
mit Getreidefülle

500 g Hirse, 1 l Wasser, Salz, 1–4 Zucchini (je nach Größe), 2 Esslöffel Quark, 1 Handvoll frische Kräuter aus dem Garten, etwas Öl, Käse zum Gratinieren (3 Esslöffel geriebener Hartkäse oder 1 Packung Mozzarella)

Hirse erst kalt, dann heiß waschen und mit Wasser und einer Prise Salz in einem Topf zum Kochen bringen. Wenn die Körner weich sind (15 Minuten), zugedeckt nachdünsten und abkühlen lassen. In der Zwischenzeit die Zucchini der Länge nach halbieren und vorsichtig aushöhlen. Das Fruchtfleisch fein hacken und mit den Kräutern vermischen und zu der erkalteten Hirse geben. Salz und Quark einrühren, gut vermischen. Die Zucchini mit der Hirsemischung füllen, sie können gerne einen kleinen „Hügel" bekommen. Eine feuerfeste Form mit wenig Wasser (zwei Esslöffel) und einem Löffel Öl befüllen, die Zucchini hineinsetzen und bei mittlerer Hitze etwa 15 Minuten garen. Dann den geriebenen Hartkäse oder die Mozzarella-Scheiben obenauf legen und gratinieren. Dazu passt Weißbrot.

Gemüselasagne

250 g Lasagneblätter. Für die Füllung: 1 Aubergine, 2 mittlere Zucchini, Salz, Öl zum Anbraten. Für die Béchamelsoße: 40 g Butter, 40 g Mehl, ½ l Milch, Salz, Pfeffer, 1 Stück vom Parmesan. Butter und Semmelbrösel für die Form

Manche Auberginen schmecken bitter, die Bitterstoffe verschwinden, wenn die Früchte vorher mit Salz bestreut werden: Aubergine in Scheiben schneiden, gut mit Salz bestreuen und in einer Schüssel eine halbe Stunde stehen lassen. Danach hat sich Flüssigkeit gebildet. Die Auberginenscheiben herausnehmen, abwaschen und auf Küchenrolle legen oder trocken tupfen. Zucchini in Scheiben schneiden. Öl in einer Pfanne erhitzen und Aubergine und Zucchini kurz anbraten.
Für die Béchamel in einer Kasserolle Butter zerlaufen lassen, mit Mehl stauben, durchrühren und mit Milch aufgießen. Salz und Pfeffer beifügen und unter ständigem Rühren auf kleiner Flamme ein paar Minuten leicht köcheln lassen. Beiseite stellen, damit die Masse etwas abkühlt.
Eine Auflaufform mit Butter ausstreichen und mit Semmelbröseln bestreuen. Nun wird „in Schichten" gearbeitet. Zuerst kommt etwas Béchamelsoße in die Form, man kann sie mit einem Lasagneblatt gut verstreichen. Darauf eine Schicht Lasagneblätter, darüber eine Schicht Gemüse und darauf wieder Béchamelsoße. Sollte sich noch eine Schicht ergeben, dann so fortfahren. Den Abschluss bilden die Lasagneblätter und darauf kommt noch Béchamelsoße und etwas geriebener Parmesan. In das vorgeheizte Backrohr schieben und bei mittlerer Hitze etwa 45 Minuten backen.

TIPP Diese Gemüsemischung ist eine „italienische" und dient als Anregung, Sie können auch anderes Gemüse für diese Lasagne verwenden. Zum Beispiel ein wenig in Öl angedünsteten, sanft gewürzten Blattspinat – dazu etwas Schafkäse statt Parmesan. Oder aber alles feine Gemüse der Saison, wie Karotten, Erbsen, Fenchel, Brokkoli: sanft andünsten, würzen und einschichten.

Gnocchi

*Auch Gnocchi hat Pater Markus in die Stiftsküche von Heiligenkreuz gebracht. Sie werden als Beilage zu Saftspeisen serviert oder als eigenständige Speise. Als „Gnocchi mit Paradeissoße" oder „Gnocchi mit Käse".
Es gibt auch fertige Gnocchi zu kaufen, aber das ist nur der halbe Spaß. Das „Kunstvollste" am Gnocchi-Machen ist das Muster, das mit der Gabel eingedrückt wird.*

800 g Kartoffeln, 200 g Weizenmehl, 1 Ei, etwas Salz, geriebene Muskatnuss

Kartoffeln schälen, in Würfel schneiden und in Salzwasser kochen. Wasser abgießen und die Kartoffeln noch heiß durch die Kartoffelpresse pressen oder faschieren. Nun überkühlen lassen. Ei und Gewürze einarbeiten, das Mehl nach und nach dazugeben und gut durchkneten. Es soll ein weicher Teig entstehen, aber er soll nicht mehr kleben. Auf einer bemehlten Arbeitsfläche wird ein Stück vom Teig zu einer Rolle geformt, die etwa 1,5 cm dick ist. Nun etwa 2 cm große Stücke abschneiden. Diese werden mit der Gabel eingedrückt, sodass man das gerippte Muster sehen kann. Die Gnocchi sollen vor dem Kochen etwas übertrocknen, daher werden sie nun nebeneinandergelegt. Erst vor dem Essen kochen: In einen großen Topf reichlich Wasser geben, etwas Salz hinein, zum Sieden bringen und die Gnocchi einlegen. Etwa 5 Minuten sanft köcheln, besser noch „ziehen" lassen. Sie sollen an die Oberfläche steigen. Vorsichtig herausnehmen, gut abtropfen lassen.

TIPP Für Gnocchi mit Käse werden sie in eine befettete Auflaufform gelegt und großzügig mit Mozzarella oder geriebenem Hartkäse bestreut und kurz im Backrohr gratiniert. Oder aber man serviert sie in Tomatensoße.

Eiernockerln oder Eierspätzle sind eine typisch österreichisch-süddeutsche Speise, die ursprünglich aus der „Reste-Küche" stammt. Übrig gebliebene Nockerln wurden am nächsten Tag in Butter sanft angeröstet und mit verrührten Eiern, denen etwas Milch zugesetzt wird, übergossen.

In den großen „Klosterhaushalten" werden Eiernockerln frisch bereitet – einfach, weil bei keinem Essen so viele „Reste" übrig bleiben, dass die Nockerln für alle reichen würden.

Eiernockerln stehen auf den Speiseplänen praktisch aller Klöster und alle lieben sie. Herr Benedikt, der Prior des Prämonstratenserstiftes Geras, zählt sie zu seinen Lieblingsspeisen, bei den Marienschwestern in Linz stehen sie regelmäßig auf dem Speiseplan, und auch die hochwürdigen Herren von Klosterneuburg freuen sich darauf. Für die Köchin ist das Nockerl-Machen eine ganz schöne Arbeit, muss sie doch den Teig mit einem Löffel abstechen und jedes Nockerl einzeln ins Wasser legen. Also hat sich Frau Elisabeth, Stiftsköchin von Geras, von einer allgegenwärtigen Kunststoff-Ausstattungsfirma auf einer der berühmten „Partys" einen „Nockerl-Hobel" gekauft. Da kann sie die Nockerl durch eine Art Sieb rasch in das sanft köchelnde Wasser gleichsam hineindrücken. Allerdings kommen dann kleine, tropfenförmige Nockerln heraus. Und die schmecken anders. Die Köchin freute sich also über die Arbeitserleichterung und brachte die kleinen Nockerln zu Tisch. Ein paar Tage später – die Herren sind mit Beschwerden vorsichtig – kam Herr Benedikt mit der Bitte, ob sie nicht die Nockerln so wie früher machen könne – nämlich größer. Da würden sie nämlich besser schmecken.

Das ist tatsächlich so. Ein mit dem Löffel abgestochenes Nockerl ist größer und hat mehr „Körper", und das schmeckt man. Die kleinen tropfenförmigen Nockerln werden aus demselben Teig gemacht, aber sie entgleiten dem Esser beinahe auf dem Weg vom Mund in den Schlund.

In der Klosterküche in Geras werden die Nockerln also wieder einzeln ins Wasser gelegt, das dauert. Aber bei Tisch merkt man davon nichts mehr, und die Köchin kann von sich behaupten, dass sie „jedes Nockerl persönlich kennt".

Eiernockerln

Nockerlteig: 30 g Butter, 400 g Mehl, 300 ml Milch oder Wasser, 2 Eier, Prise Salz, etwas Öl für das Kochwasser und für die Pfanne. **Eierguss:** 3 Eier, 3 Esslöffel Milch, Salz und Pfeffer, 1 Bund Schnittlauch

---

Die Butter zerlassen. In einer Rührschüssel Mehl, Milch (Wasser), Ei, Butter und Salz verrühren, sodass ein weicher Teig entsteht, der, wie die Lehrbücher schreiben, „leicht reißend vom Löffel fällt". Einen großen Topf mit reichlich Wasser und einem Löffel Öl zum Sieden bringen. Mit einem kleinen Löffel Nockerl abstechen und ins siedende Wasser einlegen. Schneller geht es, wenn man den Teig auf ein Holzbrett legt, die Nockerl. mit dem Messer abtrennt und ins Wasser streift. Etwa 5–7 Minuten ziehen lassen, dann abseihen. Viele Köche gießen dann einmal kaltes Wasser über die Nockerln („abschrecken"), damit sie nicht aneinanderkleben. Die Nockerln können sofort weiterverarbeitet werden, dürfen aber auch erkalten.

Für den Eierguss die Eier mit Milch, Salz und Pfeffer gut versprudeln. In einer Pfanne Öl erhitzen, die Nockerln hineingeben, sanft anrösten und gut erwärmen. Dann den Eierguss darübergießen und unter ständigem Rühren zum Stocken bringen. Mit Schnittlauch bestreuen.

Dazu wird Salat serviert.

Schnell und praktisch: Nudeln und Fleckerln

Küchenarbeit ist nicht nur auf die Zubereitung der täglichen Speise beschränkt. Da gibt es so vieles, das „nebenher" erledigt werden muss: Geburtstagskuchen für ein festliches Frühstück backen, Marmelade einkochen, Zwetschken halbieren und einfrieren, Kräuter ernten und zum Trocknen aufhängen oder den großen wöchentlichen Einkauf machen. Vor allem in den kleineren Klosterküchen ist die Köchin für alle Arbeiten zuständig. Da muss das Kochen oft schnell gehen. An solchen Tagen kommen meist Nudelspeisen auf den Tisch: Sie sind schnell zuzubereiten, schmecken gut, sind sättigend, hübsch anzusehen und belasten das Budget kaum.

Das Prinzip ist einfach: 500 g Nudeln (oder Hörnchen, Fleckerln, Spiralen) kochen und dann mit der jeweiligen „Beigabe" vermengen. Auch hier wird das gekocht, was dem Haus gerade zur Verfügung steht: In den Klöstern mit den großen Gemüsegärten wie Habsthal kommt dazu Gemüse auf den Tisch, die Marienschwestern in Linz verkochen ihre Bio-Eier vom Bauernhof zu Eiernudeln, in Geras gibt es Nudeln mit Waldviertler Graumohn und im Stift Klosterneuburg von Zeit zu Zeit Krautfleckerln, die isst auch der hochwürdige Abt, Propst Bernhard, sehr gerne.
Eines haben die vielfältigen Nudel- und Fleckerl-Variationen gemeinsam: Sie sind einfachste Kost und doch ein wunderbares Mahl. Eine „freundliche Speise", die auch bei Kindern überaus beliebt ist.

Salbeinudeln

Butter in einer Pfanne erhitzen, eine Handvoll Salbeiblätter darin schwenken, etwas später eine Handvoll Sonnenblumenkerne oder Pinienkerne dazugeben. Alles sanft anrösten, sodass die Blätter schön knusprig sind. Die Nudeln dazugeben, durchmischen. Die Salbei-Nudeln sind eine wirklich feine, exquisite Speise. Verwendet man breite Nudeln, sieht es fast nach 3-Hauben-Küche aus.

Gemüsenudeln

Möglichst buntes, klein geschnittenes Gemüse in Butter oder Öl weich dünsten, mit Salz und nach Möglichkeit mit frischen Kräutern würzen und dann mit den Nudeln oder Fleckerln vermischen. Wer es gerne nussig mag, kann ein paar geröstete Sonnenblumenkerne darüberstreuen.

Eiernudeln

Zwei bis drei Eier mit etwas Milch verquirlen, salzen. Nudeln in eine Pfanne geben, Eiermischung darübergießen, durchrühren und etwas stocken lassen. Dazu passt Salat.

Einfache Käsenudeln

Gekochte Nudeln in gutem Öl schwenken und mit geriebenem Käse bestreuen. Dazu passt Salat.

Schinkenfleckerln

250 g Selchfleisch würfelig geschnitten in etwas Öl anbraten, 2 Knoblauchzehen dazupressen, Salz und gehackte Petersilie hineingeben. Mit den Fleckerln vermischen. Dazu passt Salat.

Wurstfleckerln

250 g Wurst (am besten Dürre Wurst) klein würfelig schneiden. Eine kleine geschnittene Zwiebel wird in einer Pfanne in Öl angeröstet, Wurstwürfel dazugeben und kurz weiterrösten. Dann mit den Fleckerln vermischen. Dazu passt Salat.

Krautfleckerln

½ Krautkopf fein schneiden. 1 Zwiebel fein hacken, in Öl anbraten, Kraut hineingeben und gut durchdünsten, dazu 1 Esslöffel Zucker, etwas Salz, Pfeffer und Kümmel. Mit den Fleckerln mischen. Feinspitze streuen vor dem Servieren noch ein paar angebratene Selchfleischwürfel oder Grammeln über die Fleckerln.

Grießfleckerln

Ein nussgroßes Stück Butter in einer Pfanne zerlaufen lassen, 60 g Grieß langsam goldgelb anrösten, mit ⅛ l Milch ablöschen und langsam dünsten lassen. Dann kommen die gekochten Fleckerln in die Pfanne, alles wird gut durchgemischt und soll ein wenig ankrusten. Die Speise wird entweder etwas gezuckert und mit Kompott serviert. Oder aber sie bleibt so und man reicht dazu Salat.

Süße Bröselnudeln

Ein nussgroßes Stück Butter in einer Pfanne zerlaufen lassen, etwa 100 g Semmelbrösel dazugeben und goldgelb anrösten. Die gekochten Nudeln werden nun darin gewälzt und gut durchgemischt. Vor dem Servieren mit Zucker bestreuen. Dazu passt Kompott.

Einfache Mohnnudeln (süß)

Ein nussgroßes Stück Butter in einer Pfanne zerlaufen lassen, 100 g geriebenen Mohn dazugeben und bei sanfter Hitze zwei, drei Minuten gut verrühren. Die gekochten Nudeln daruntermischen und mit Zucker bestreuen. Dazu passt Kompott.

Zweckerln mit Rahm

Die gekochten Zweckerln in eine Pfanne mit zerlassenem Schmalz (Fett) geben und gut durchrühren, aber nicht braun anrösten. Ein paar Esslöffel Sauerrahm mit ein, zwei Eiern verrühren und darübergießen. Etwas anziehen lassen – fertig.

> **❖ Aus einem alten Kochbuch ❖**
>
> **Zweckerln statt Fleckerln**
>
> In alten Kochbüchern findet man kaum „Fleckerln", dafür aber „Zweckerln".
>
> So hießen kleine drei- oder viereckige Fleckchen, die aus selbst gemachtem Nudelteig geschnitten, manchmal auch gerissen wurden. Der Name Zweckerl hat dieselbe Wurzel wie „Zwickel", jenes keilförmige Stück Stoff, mit dem die Hosenboden der Kinder geflickt oder Hosen größer gemacht wurden. Die Zweckerln wurden erst durch die industriellen Teigwaren von den kleineren und natürlich gleichmäßig großen Fleckerln abgelöst. In der bäuerlichen Küche, wo noch lange Zeit – vor allem aus finanziellen Gründen – Nudelteig selbst zubereitet wurde, haben sich die Zweckerln länger gehalten. Mein Vater erzählte oft von seiner Tante Resi, die in den Jahren nach 1945 den Kindern aus ihren selbst gemachten Zweckerln ganz einfache Speisen gekocht hatte, zum Beispiel Zweckerln mit Rahm (Rezept siehe Seite 58).

Der dritte Gang – die Nachspeise

Nachspeise gibt es im Kloster nur an Fest- und Feiertagen. An den „ganz normalen" Tagen steht eine Schüssel mit Obst auf dem Tisch. In vielen Fällen ist das Obst aus dem Klostergarten: Birnen oder Äpfel, Erdbeeren, Kirschen, Marillen, Pfirsiche und wieder Äpfel. Richtige Äpfel sind das, so wie sie wachsen. Keine makellosen Äpfel aus Südafrika oder Chile, die wie Plastikobst aussehen, sondern lebendige Äpfel, „Äpfel mit Charakter". Sie haben Fleckchen an der Haut, sind unterschiedlich groß und nicht immer rund. Manche sind dickbauchig, manche breit und andere klein. Bei dem einen ist der Stielansatz tief eingesunken, beim anderen ragt er heraus, manche sind einseitig rotbackig, andere haben ein Kleid aus mehreren Farbnuancen; es gibt rote und grüne und gelbe in allen Größen. Die Schwestern nehmen ein Messer in die Hand, greifen nach dem Apfel, schneiden ihn in Stücke und genießen ihn.

Manchmal gibt es unter der Woche doch auch eine Nachspeise – einen Pudding vielleicht, weil die Milch verkocht werden soll, oder ein selbst gemachtes Früchtejoghurt. An besonderen Tagen gibt es ein Stück Kuchen, Frau Elisabeth aus Geras bereitet an heißen Tagen ein Mango-Lassi und als kleine Überraschung holt Pater Karl eine Schachtel mit Rumkugeln hervor. Er hat das Rumkugel-Rezept noch von seiner Oma und freut sich darüber, dass es nicht vergessen wird, denn: „Diese Kugeln sind wirklich gut!"

Wenn es einen Beweis für Bescheidenheit des Klosterlebens braucht, dann zeigt dies spätestens die geringe Aufmerksamkeit, die dem Dessert geschenkt wird.

Für die warme Jahreszeit ...

Obstsalat

Früchte, die die Jahreszeit bietet, werden geputzt, geschält bzw. entkernt, in appetitliche Stücke geschnitten und mit etwas Zitronensaft oder Orangensaft oder auch Kompottsaft mariniert. Zucker muss nicht sein, aber wer es gerne süß hat, streut ein wenig braunen Zucker darüber. Zumindest eine Stunde ziehen lassen, damit alles seinen Geschmack entfalten kann. Und als kleine Köstlichkeit streut man vor dem Servieren noch ein paar gehackte Nüsse oder Pistazien darüber. Auch ein paar Blätter von Pfefferminze oder Zitronenmelisse zum Dekorieren machen sich sehr gut.

Süße Erdbeeren mit Minze

Erdbeeren waschen und je nach Größe halbieren oder vierteln, mit wenig Zitronensaft beträufeln und mit braunem Zucker sanft bestreuen. Eine Stunde ziehen lassen, dann entsteht ein wenig Saft. Ein paar Pfefferminz- oder Zitronenmelisseblätter darüberstreuen. Servieren. An Festtagen gibt es dazu auch Schlagobers (Schlagrahm).

Erdbeer-Joghurt

Erdbeeren waschen, in Stücke schneiden, mit braunem Zucker sanft beträufeln und eine halbe Stunde ziehen lassen. Joghurt dazugeben und alles mit dem Mixer pürieren. Durch das Mixen wird das Joghurt richtig luftig und schmeckt wie Sauerrahm. Bitte kein fettarmes Joghurt verwenden, sonst wird alles zu dünn!

Himbeermilch

Himbeeren waschen und putzen. Gemeinsam mit Buttermilch mixen, ein wenig stehen lassen, servieren. Ein kühler Nachtisch für heiße Tage.

Mango-Lassi

Dieses Joghurtgetränk stammt aus Indien und wird etwas variiert auch im Nahen Osten getrunken. Es besteht zur Hälfte aus Wasser und Joghurt, aus pürierten Früchten und manchmal etwas Zucker. Es gibt auch salzige Varianten des Lassis.

Eine reife Mango schälen, das Fruchtfleisch vom Kern lösen und in grobe Stücke teilen. Eine unbehandelte Orange abreiben und auspressen. Mit 400 ml Wasser pürieren, 400 ml Joghurt dazugießen und durchmixen.

Beerenkompott

Beeren (z. B. Heidelbeeren, Himbeeren, Brombeeren, Johannisbeeren oder Ribiseln) putzen bzw. „abrebeln", also von den Rispen lösen. In einem Topf knapp mit Wasser knapp bedecken, 1–2 Esslöffel braunen Zucker und ein Päckchen Vanillezucker beifügen. Einmal aufkochen lassen, zudecken und nachziehen.

TIPP *Dieses Beerenkompott eignet sich auch als Basis für diverse „Kaltschalen". Dafür Beeren herausnehmen, abtropfen lassen und mit Buttermilch oder Joghurt vermischen. In Gläser geben, vielleicht auch noch eine Kugel Vanilleeis dazu, fertig.*

❖ **Aus einem alten Kochbuch** ❖

Beeren als Vitaminspender

Noch vor 70 Jahren war es in den bäuerlichen Haushalten üblich, im Winter zumindest zweimal die Woche ein Glas Beerenmarmelade – Preiselbeeren, Heidelbeeren – zu öffnen, den Inhalt in eine Schüssel zu geben, alles gut mit Wasser aufzugießen und durchzurühren, sodass eine Art Suppe entstand. Von dieser „Beerensuppe" bekam jeder abends ein paar Löffel zu essen. Zitrusfrüchte hatte damals niemand und so stärkte man sich an den Vitaminen des Beerenobstes, um gut über den Winter zu kommen.

Für die kalte Jahreszeit …

Apfelmus

Besonders in der kalten Jahreszeit ist gekochtes Obst dem rohen vorzuziehen!
Äpfel schälen, entkernen und in grobe Stücke schneiden. In einen Topf mit nur wenig Wasser geben, Saft einer halben Zitrone darüberträufeln und auf Wunsch einen Teelöffel Honig. Alles auf kleinster Flamme weich kochen, nachziehen lassen und dann im Mixer pürieren.
Apfelmus ist ein sanftes Mittel, um die Verdauung zu stärken.

Gefüllte Birnen

Birnen waschen, schälen und halbieren. Kerngehäuse herausnehmen. In etwas Wasser, dem Saft einer halben Zitrone und einem Löffel braunen Zucker weich kochen. Birnen herausnehmen, überkühlen lassen. Jeweils eine halbe Birne auf einen Dessertteller legen, ein Löffelchen Marmelade oder Preiselbeerkompott hineingeben und servieren. Die Kochflüssigkeit wird als Kompottsaft verwendet und kann auch getrunken werden.

Marmeladesoße

1 Glas Marmelade, ½ l Wasser, etwas Zitronensaft, vielleicht auch 2 Löffel Rum, 1 Esslöffel Stärkemehl (Maizena oder auch Maismehl)

Marmelade in einen Topf geben, Stärkemehl einrühren, Wasser und Zitronensaft dazu, alles gut verrühren. Unter ständigem Rühren einmal aufkochen lassen. Dann erst den Rum hineingeben. Diese Soße kann warm und kalt gegessen werden.

Fröhliche Bananen

2 Bananen, Butter für die Pfanne, 2 Esslöffel Marmelade, auf Wunsch ein Glas Rum oder Likör

Bananen schälen, der Länge nach halbieren. Butter in einer Pfanne heiß werden lassen, Bananen leicht anbraten, herausnehmen. Marmelade in die Pfanne geben, durchrühren und leicht erwärmen, damit sie geschmeidig wird. Auf Wunsch etwas Likör oder Rum hineinrühren. Je eine halbe Banane auf einem Teller anrichten, mit Marmelade übergießen und servieren.

Pater Karls Rumkugeln

100 g Butter, 30 g Kakao, 120 g Zucker, 120 g Hafermark (feinste Haferflocken), 2 Esslöffel Rum, grober Kristallzucker zum Bestreuen (Wälzen)

Die Butter am besten eine Stunde bei Zimmertemperatur weich werden lassen. In einer Schüssel gemeinsam mit allen anderen Zutaten gut durchmischen. Nicht zu große Kugeln formen und in grobem Kristallzucker wälzen. Die Kugeln sind gut haltbar. Wenn sie ein wenig nachtrocknen, schmecken sie noch besser.

Ein Tag im Kloster Habsthal

„Das Chorgebet ist auch eine Erholung, ein Zusichkommen, eine Muße. Wenn wir anschließend gemeinsam essen, so ist das ein schönes Miteinander – vom Gebet zur Mahlgemeinschaft", sagt Schwester Kornelia, sie lebt im Kloster Habsthal, einem Benediktinerinnenkloster nahe der Schwäbischen Alb.

Das Kloster Habsthal hat eine 750-jährige Geschichte, das Gebäude selbst gilt als Kleinod aus der Barockzeit und wird im Moment unter großen finanziellen Mühen renoviert. In dem fast verborgen liegenden Kloster lebt eine kleine Frauengemeinschaft, Benediktinernonnen mit einem großen Herzen für alles, was Gott geschaffen hat. Sie führen ein einfaches Leben, das den Atem vergangener Zeiten erahnen lässt. So mancher Besucher wünscht sich, man könnte die Zeit zurückdrehen. Erst langsam verstehen die Gäste, dass es an uns liegt, der Zeit Raum zu geben. Das ist ein Geschenk, das die Nonnen von Habsthal den Menschen mit auf den Weg geben.

Schwester Kornelia ist mit Abstand die Jüngste der Schwestern. Sie begrüßt die neugierigen Gäste freundlich, ist einverstanden, dass Fotos gemacht werden. Auf die etwas verlegene Bitte der Fotografin, ob sie denn vielleicht in ihr klösterliches Gewand schlüpfen könnte, lacht die Schwester herzlich. Sie ist bei der Arbeit, da trägt sie schlichte, praktische Kleidung. Aber fürs Foto nimmt sie den Habit, so heißt die Schwesterntracht.

Habsthal hat einen wunderbaren Garten mit Gemüsebeeten und Obstbäumen, ein schönes, idyllisches Fleckchen Erde. Auch 30 Schafe gibt es, jedes Jahr kommen Lämmer und alles wird verwertet, auch das Fleisch. Vor ein paar Jahren noch war das Kloster Habsthal „Selbstversorger", die Nonnen lebten fast ausschließlich vom eigenen Gemüse, Obst, von Eiern und Fleisch. Aber es gibt nur wenige junge Nonnen und die Arbeit ist nun nicht mehr zu schaffen. Der Gemüsegarten ist noch immer eine Pracht, auch der Baumgarten ist herrlich, und alles wird biologisch und ökologisch bewirtschaftet. Und die „Klostergänse" auf der Wiese gehören nicht zum Kloster, auch sie sind zu Gast.

Schwester Kornelia ist eine lebendige Frau, gelernte Sonderschul- und Heilpädagogin mit einer Zusatzausbildung in Ergotherapie. Im Kloster ist sie für vieles zuständig, auch für die Küche – sie kocht selbst. Noch während Fotos gemacht werden, bemerkt sie, dass die Zeit für die Küchenarbeit knapp wird und beschließt, den Speiseplan zu ändern: „Heute gibt es Spaghetti." Die Zutaten für das Mahl nimmt sie im Vorübergehen aus dem Garten mit: Zwiebel, Knoblauch, Tomaten, Paprika, Kräuter, den Salat nicht zu vergessen. Da wird kein Glas mit fertiger Sugo-Mischung geöffnet, alles kommt direkt vom Garten in die Küche. Die Schwester ist voll Fröhlichkeit und mit hohem Tempo unterwegs. Dass die Gäste anbieten, ihr in der Küche zu helfen, nimmt sie gern an, und so schnipseln sie am Gemüse, lassen Zwiebel anlaufen, waschen den Salat und rühren fleißig, damit nichts anbrennt. Als die Zeit zum Gebet kommt, ist das Sugo gerade fertig. Die Nonnen treffen einander zum Mittagsgebet, danach ist fünfzehn Minuten Stille, bevor man zum Mittagsmahl zusammenkommt. In der Zwischenzeit brodelt in der Küche das Nudelwasser, die Spaghetti werden eingekocht. Gegessen wird im Speisesaal, vier Nonnen, ein geistlicher Herr, der sie betreut, dazu die Gäste. Ein Mittagstisch wie in einer großen Familie.

Vor dem Essen wird gebetet, gegessen wird schweigend.

Zum Nachtisch gibt es Äpfel aus dem Garten. Man nimmt ein Messer, schneidet das Obst in Stücke, genießt es. Das Mittagsmahl atmet eine Bescheidenheit, die wohltut. In einer Welt, in der wir ob unserer Wohlhabenheit vergessen haben, das Einfache zu schätzen.

Für die Nonnen im Kloster Habsthal ist biologische Ernährung selbstverständlich. „Auf den Schutz der Umwelt zu achten, biologisch anzubauen, das ist Teil unseres Christ-Seins", sagt Schwester Kornelia. „Es geht darum, die Schöpfung zu bewahren. Dazu

---

❊ Gebet ❊

Das kann schon einmal passieren ...

„Heute hab ich ganz vergessen
Dir zu danken vor dem Essen!
Magen voll und Teller leer –
doch ich dank Dir hinterher.
Amen!"

gehört auch, dass wir fair gehandelte Lebensmittel beziehen. Niemand soll auf Kosten anderer essen oder Gewinne machen." Schwester Kornelia ist auch davon überzeugt, dass gesunde Ernährung und gelebte Spiritualität zusammengehören. Gesundes Essen schafft einen freien Geist, der meditieren kann. Spiritualität hat im Kloster Habsthal einen hohen Stellenwert. Die Nonnen verbringen viel Zeit mit Gebet und Meditation. Oft kommen Menschen von außen und bitten, ihrer im Gebet zu gedenken. Sogar auf der Homepage des Klosters kann man ein Gebetsanliegen äußern. „Das Gebet trägt zum spirituellen Wohlbefinden der Gemeinde bei", sagt Schwester Kornelia. Im ersten Augenblick weiß man nicht, ob sie damit ihre kleine Klostergemeinde meint oder die Menschen draußen.

Später, außerhalb der Klostermauern, spürt man es: Die guten Gedanken, die spirituelle Kraft der Nonnen von Habsthal gehen ein Stück mit hinaus auf die Reise.

TIPP *Das Benediktinerinnenpriorat „Unserer Lieben Frau" in Habsthal ist Station auf dem Oberschwäbischen Pilgerweg, Gäste sind willkommen.*
Für Frauen gibt es das Angebot, „Kloster auf Zeit" zu erleben. Die Nonnen in Habsthal haben auch ein großes Herz für Frauen in schwierigen Situationen.

Süße Leckereien mit Geschichte

Süße Leckereien mit Geschichte

Die Klosterküche hatte über die Jahrhunderte immer einen sehr guten Ruf. Die Küchen in den Klöstern waren vorbildlich geführt und stets auf dem neuesten Stand. Die Köchinnen und Köche galten als handwerklich gut ausgebildet und sie hatten großes Wissen über die Nahrungsmittel. Für die Höfe der Adeligen, sogar für die Königshöfe waren die Klöster Vorbild in allem, was Kochkunst, Warenkunde und Tischsitten betraf. Das Essen mit Gabel, das Auflegen von Tischtüchern, die Zubereitung der Speisen – all das wurde aus dem Klosterleben übernommen. Die geistlichen Brüder und Schwestern besaßen Bildung, wussten sich zu benehmen, manche waren auch weit gereist.

Wenn die Herzogin, die Prinzessin, die Königin ihrer Niederkunft entgegensah, holte man oft medizinischen Beistand aus den Klöstern. Manchmal musste auch der Koch oder die Köchin mitkommen, um gute, stärkende Speisen zuzubereiten.

Auch bei der Ausrichtung von Festen orientierte man sich am Kloster und erfreute sich in den frühen Zeiten an einem süßen „Mues" oder „Koch" – einem Mus aus Mandeln, Wein oder Früchten und weichen, süßen Breispeisen. (Später wurden dann Aufläufe und Soufflees in Wien als „Koch" bezeichnet.) Die Klöster hatten auch als Erste richtige Herde in ihren Küchen stehen, mit einem Backrohr, in dem Kuchen und Torten gebacken wurden. Klösterliche Süßspeisen waren rundum begehrt – flaumige Köstlichkeiten, die eine Vorahnung vom himmlischen Paradies aufkommen ließen.

Dass diese Teige ohne elektrische Rührhilfen entstehen mussten, war in den Klosterküchen kein Problem, denn an „Personal" mangelte es nie. Die Klöster hatten über Nachwuchs nicht zu klagen und es war ein Leichtes, ein paar Küchenhilfen eine Stunde lang Kuchenteig in riesigen Schüsseln rühren oder am Holzbrett kneten zu lassen.

In den alten bürgerlichen Kochbüchern findet man viele Süßspeisen mit klösterlichen Namen wie Kapuzinernockerln, Kartäuserpudding, Karmelitertorte. Da gibt es süße Speisen, die werden „B'soffener Kapuziner" und „Durstige Nonne" genannt, feines Gebäck heißt „Nonnen-Küsse". Sogar – man glaubt es kaum – „Nonnen-Fürzchen" werden gebacken. All das ist nicht als Respektlosigkeit zu sehen, es zeigt, dass die Klosterfrauen und -männer in enger Beziehung zum Volk gelebt haben. Sie waren wirklich eingebunden in das Leben der Menschen. Die Klöster waren das Zentrum der Gemeinde, der Stadt, des Landes. Bei ihnen konnte man sich Rat und Hilfe holen. Sie um sich zu wissen, das war ein sehr tröstliches Bewusstsein. Dass man dann auch mit einem gewissen Augenzwinkern Scherze trieb, gehört eben dazu, es passt zum Naturell der katholischen Österreicher und Bayern.

Interessant ist, dass auch die „dunkle Seite" einen Platz in der süßen Küche bekommen hat, denn auch „Schwarze Seelen" werden gebacken und „Teufelspillen" gerührt …

Apostelbrocken

4 altbackene Semmeln, 250 ml Milch, 1 Ei, 1 Esslöffel Zucker, Semmelbrösel zum Panieren, Fett zum Ausbacken, Zucker und Zimt zum Bestreuen

Semmeln vorsichtig entrinden, indem man sie mit dem Reibeisen abreibt. Dann die Semmeln in große Würfel schneiden. Die Milch wird mit dem Ei und dem Zucker gut verrührt, dann werden damit die Semmelwürfel beträufelt. Hierbei muss man sehr langsam arbeiten, damit die Semmeln nicht zu weich werden. Die durchtränkten Semmelbrocken werden in Semmelbrösel gewälzt und in heißem Fett von allen Seiten gebacken. Sie werden noch heiß mit Zimt und Zucker bestreut.

TIPP *Apostelbrocken sind eine feine Nachspeise und werden im Winter abends auch gerne zu heißem Tee gereicht.*

Engelskuchen

250 g Zucker, 4 Eier, 180 g Vollkornmehl. Butter und Mehl für die Form, Marmelade zum Bestreichen, Zucker und Vanillezucker zum Bestreuen

In einer Schüssel Zucker und Eidotter lange und gut rühren, sodass eine schaumige Masse entsteht. Dann nach und nach das Mehl einrühren und zuletzt den festen Schnee von 5 Eiklar dazugeben. Eine Torten- oder Kastenform buttern und bemehlen und den Kuchen bei mittlerer Hitze backen.
Wenn er erkaltet ist, in der Mitte durchschneiden und mit Marmelade bestreichen. Vor dem Servieren Zucker mit Vanillezucker vermischen (durchsieben) und die Torte damit bestreuen – „wie mit himmlischem Schnee".

B'soffener Kapuziner

4 Eier, 140 g Zucker, etwas Zitronenschale, 50 g geriebene Haselnüsse, 140 g Mehl, 1 Messerspitze Backpulver, Fett und Semmelbrösel für die Form. Für den Guss: 250 ml Weißwein, 100 g Zucker, 1 Schuss Rum, 100 ml Fruchtsaft (Im Originalrezept verwendet man Ananassaft, aber es passt auch Orangensaft oder feiner süßer Kompottsaft.)

Zuerst wird ein Biskuit gebacken: In einer Rührschüssel die ganzen Eier mit Zucker, Zitronenschale fest und lange verrühren. Die Nüsse einrühren und dann das Mehl mit dem Backpulver unterheben. Eine Tortenform einfetten und mit Bröseln ausstreuen. Den Teig einfüllen und im vorgeheizten Backrohr anfangs bei mittlerer Hitze backen, später reduzieren.
In der Zwischenzeit den Guss vorbereiten: Er soll warm, süß und alkoholisch sein. Wer das nicht möchte oder für Kinder kocht, kann das Rezept für den Guss auch problemlos verändern.
Der Wein wird mit dem Zucker erhitzt, aber nicht zum Kochen gebracht, dazu kommen Rum und Fruchtsaft.
Ist der „Kapuziner" fertig gebacken, nimmt man ihn aus der Form und lässt ihn nur etwas überkühlen. Er soll noch warm sein, wenn er übergossen wird.

TIPP *Im Originalrezept wird der nunmehr B'soffene Kapuziner mit geschlagenem Schlagobers garniert und serviert. Aber wenn Sie ein wenig gesundheitsbewusst kochen, werden Sie merken – man braucht es nicht.*

Durstige Nonne

4 Eier, 140 g Zucker, 1 Päckchen Vanillezucker, 1 Esslöffel Rum, 30 g Mehl, 1 Messerspitze Backpulver, 140 g geriebene Nüsse, 40 g feine Semmelbrösel, Butter und Brösel für die Form. Für den Guss: 125 ml Wasser, 3 Esslöffel Zucker, etwas Nelken und Zimt, 125 ml Rum, auf Wunsch: Schlagobers zum Verzieren

In einer Rührschüssel Eidotter und Zucker schaumig rühren, Vanillezucker und Rum dazu, dann Mehl und Backpulver, die Nüsse und die Semmelbrösel. Zuletzt wird aus 4 Eiklar ein fester Schnee geschlagen und untergehoben. Eine Kastenform mit Butter einfetten und mit Bröseln bestreuen. Den Teig bei mittlerer Hitze backen.
Biskuit aus der Form nehmen, abkühlen lassen und wieder in die Form zurückgeben. Mit einer Nadel mehrmals einstechen. Für den Guss Wasser mit Zucker, Nelken und Zimt einmal gut aufkochen lassen, dann Rum dazugeben. Ziehen lassen, abseihen und kalt werden lassen.
Das mit der abgekühlten Flüssigkeit übergossene Biskuit soll noch nachziehen (1–2 Stunden). Auf Wunsch vor dem Servieren mit geschlagenem Schlagobers verzieren.

Ewigkeitsbäckerei

240 g Mehl, 3 Eigelb, 120 g Butter, 60 g Zucker, etwas geriebene Zitronenschale, 1 Messerspitze Backpulver, Mandelsplitter zum Bestreuen, Eidotter zum Bestreichen

Auf einer Arbeitsfläche Mehl mit Backpulver aufschütten, Butter in Flocken, Eidotter, Zucker, Zitronenschale dazugeben und alles gut durchkneten. Den Teig ausrollen und runde Formen ausstechen. Mit Ei bepinseln und mit Mandelsplitter bestreuen. Auf ein Backblech setzen und bei mittlerer Hitze backen.

Bischofsbrot

5 Eier, 140 g Zucker, 1 Päckchen Vanillezucker, 140 g Mehl, ½ Päckchen Backpulver, 70 g gehackte Mandeln, 70 g Rosinen, 50 g Zitronat, 50 g kleinwürfelig geschnittene Schokolade, etwas abgeriebene Zitronenschale, Butter und Mehl für die Form

1 ganzes Ei und 4 Eidotter in einer Rührschüssel mit Zucker und Vanillezucker schaumig rühren (in alten Kochbüchern findet man die Angabe: 45 Minuten lang). Vom abgewogenen Mehl ein wenig nehmen und Rosinen, Mandeln, Zitronat und Schokolade damit bestauben. Restliches Mehl und alle anderen Zutaten einrühren, gut vermengen. Zuletzt den fest geschlagenen Schnee von 4 Eiklar unterheben.
Eine Kastenform mit Butter einfetten und mit Mehl bestauben, den Teig eingießen und im vorgeheizten Backrohr bei mittlerer Hitze backen.

TIPP *Nach den alten Rezepten wird der fertige Kuchen in Scheiben geschnitten, diese werden im Backrohr leicht gebäht. Er schmeckt aber auch so wunderbar.*
Wenn Sie dieses Rezept mit Vollkornmehl machen wollen, nehmen Sie ein Ei mehr oder statt 140 g Mehl nur 100 g Vollkornmehl.

Heiligengeist-Krapfen

Diese Krapfen sind aus der „Familie der Schmalzgebäcke", die man schon in den frühesten Klosterkochbüchern findet. Dort heißen sie „Hasenöhrl" „Hasenlöffel" oder „Schneiderfleck". Sie werden tatsächlich ohne Zucker zubereitet. Die „Heiligengeist-Krapfen" kommen vornehmlich zu Pfingsten auf den Tisch.

400 g Mehl, 100 g Butter, ⅛ l warme Milch, 3 Eigelb, 1 ganzes Ei, 3 Esslöffel Sauerrahm, Fett zum Ausbacken, Staubzucker zum Bestreuen

---

Auf einer Arbeitsfläche Mehl und Butter mit den Händen gut verkneten. Nach und nach die anderen Zutaten beifügen, sodass ein fester Teig entsteht. Diesen Teig gut durchkneten. In eine Schüssel geben, mit einem Tuch bedecken und eine halbe Stunde rasten lassen. Nun den Teig ausrollen. Dabei empfiehlt es sich, ihn zwischendurch zusammenzufalten und erneut auszurollen. Durch diese Arbeitsmethode wird der Teig beim Backen luftig. Der Teig soll schließlich messerrückendick ausgerollt sein. Nun wird er mit dem Messer (besser: mit einem Rädchen, das gibt dann ein gezacktes Muster) in viereckige Fleckchen geteilt, z. B. 8 x 4 Zentimeter. An beiden Enden nehmen und mit einer leichten Drehung eine einfache Spirale formen, die wie eine Masche aussieht. In einer Pfanne drei Finger hoch Öl (oder Ausbackfett) erhitzen, aber nicht zu heiß werden lassen. Die Krapfen ins Fett geben und ausbacken. Herausnehmen und noch warm mit Staubzucker bestreuen.

Ein Witzbold, so die Legende, soll aus diesem Krapfenteig einmal mit Keksausstecher Tauben ausgestochen und sie im Fett herausgebacken haben. So entstanden viele kleine „Heilige Geiste", die zum Festmahl verzehrt wurden. Aber grundsätzlich schmecken die Krapfen besser, wenn sie nicht flach, sondern geformt sind. Das passt auch zum bewegten Leben, das die Firmlinge hoffentlich vor sich haben.

Im Stift Klosterneuburg bei Wien arbeitete die Stiftsköchin Klara Fuchs. Sie hat im Jahr 1865 „Ein verläßliches Universal-Kochbuch" herausgegeben, „um bei theuern Zeiten billige und doch vorzügliche Kost herzustellen". Das Buch heißt: „Die praktische Wiener Vorstadt-Köchin", enthält 800 Speisen, allesamt „durch 22-jährige Erfahrungen erprobt von der ehemaligen Klosterneuburger Stiftsköchin".

Kapuziner-Nockerln

Obwohl im Stift Klosterneuburg Augustiner-Chorherren leben, hat Frau Fuchs folgendes Rezept in ihrer Sammlung:

6 Eier, 100 g Zucker, etwas geriebene Zitronenschale, 1 Messerspitze Zimt, Semmelbrösel von 3 Semmeln, Öl für die Pfanne, 250 ml Schlagobers, 2 Esslöffel feiner Grieß

In einer weiten Schüssel 6 Eiklar zu einem festen Schnee schlagen. Nun wird der Zucker eingerührt, Zitronenschale und Zimt und die Semmelbrösel. Es sollen so viele Brösel hineinkommen, dass ein dicklicher Nockerlteig entsteht. In einer Pfanne Öl erhitzen, mit einem Löffel Nockerln einlegen und herausbacken. In einer Kasserolle Schlagobers zum Sieden bringen, den Grieß einrieseln und kurz durchziehen lassen. Die Nockerln aus dem Fett nehmen, in eine Schüssel legen und mit dem heißen Obers übergießen.

Karmelitertorte

3 ganze Eier, 3 Eidotter, 140 g Zucker, Saft von ½ Zitrone, 50 g fein gehackte Mandeln, 70 g Mehl und 70 g Stärkemehl (Maizena, auch feines Maismehl), ½ Päckchen Backpulver. Butter und Mehl für die Form, Mandelsplitter zum Bestreuen

Eier und Eidotter in einer Rührschüssel sehr schaumig rühren, Zucker und Zitronensaft beifügen und nochmals lange rühren. Nun kommen die Mandeln dazu und zuletzt werden die Mehle mit Backpulver vorsichtig untergehoben. Eine Tortenform einfetten und bemehlen, den Teig eingießen und obenauf die Mandelsplitter streuen. Im vorgeheizten Backrohr etwa eine halbe Stunde langsam backen.

Karmeliterplätzchen

Ob Torte, Kuchen, Strudel – bei einem „Karmeliter"-Rezept sind immer Mandeln dabei.

120 g Zucker, 3 Eidotter, 1 Prise Zimt, 1 Prise Kardamom, 1 Päckchen Vanillezucker, etwas abgeriebene Zitronenschale, 200 g Mehl, Mandelsplitter oder Mandelblättchen zum Bestreuen

In einer Schüssel Zucker, Dotter, Gewürze gut verrühren, zuletzt kommt das Mehl dazu. Auf ein mit Backpapier belegtes Backblech mit einem Löffel kleine Plätzchen setzen, diese mit den Mandeln bestreuen und bei mittlerer Hitze backen.

Kartäuserpudding

6 altbackene Semmeln, 125 ml Milch, 100 g Butter, 100 g Zucker, 4 Eier, 2 Esslöffel Rosinen, 2 Esslöffel gehacktes Zitronat und Aranzini, 50 g geriebene Mandeln, Butter und Zucker für die Form

Semmeln entrinden und in Streifen geschnitten mit der Milch beträufeln. In einer Schüssel Butter mit Zucker und Eidottern schaumig rühren, dann kommen Rosinen, Aranzini, Zitronat und Mandeln, zuletzt die eingeweichten Semmelstreifen dazu. Eiklar zu steifem Schnee schlagen und unter die Semmelmasse heben. Puddingform mit Butter einfetten, mit Zucker stauben. Masse einfüllen, Form verschließen und im Dunst etwa 50 Minuten köcheln.

TIPP *Zum Kartäuserpudding passt Kompott.*
Wenn feines Gebäck übrig bleibt (Striezel, Kipferl), kann man das anstatt der Semmeln verwenden, das wird besonders gut.
Wenn Sie keine Puddingform haben, füllen Sie diese Masse in eine mit Butter und Bröseln ausgestrichene Auflaufform und backen Sie den Pudding bei niederer Hitze im Backrohr.

Klostergeheimnis-Creme

Ein Rezept von Zisterziensermönch Pater Karl

250 ml Schlagobers, 2 Eier, 60 g Zucker, 1 Likörglas Rum, 100 g Schokolade, etwas „Rumobst" (Das ist im Idealfall Obst aus dem im Sommer selbst angesetzten „Rumtopf" oder aber ersatzweise ein Glas mit eingelegten Früchten.)

Das Schlagobers in einer Schüssel zu einer festen Masse schlagen. In einer anderen Schüssel Eier, Zucker und Rum schaumig rühren. Die Schokolade in einer Kasserolle langsam erhitzen, bis sie flüssig ist, überkühlen lassen und unter die Masse rühren. Nun das geschlagene Schlagobers unter die Creme heben.
In einzelne Schüsselchen die Früchte einlegen, Creme darübergießen und für einige Zeit kühl stehen lassen.

Rumtopf

Der sogenannte „Rumtopf" ist ein großes irdenes Gefäß, in das während des Sommers nach und nach Früchte des Gartens in Rum eingelegt werden. Zuerst kommt im Frühling eine Schicht Erdbeeren – ganze oder halbe Früchte, Stielansätze herausschneiden – hinein, sie werden mit einer Schicht Zucker bestreut und gut mit Rum bedeckt. Auf 500 g Obst rechnet man 250 g Zucker, der Rum soll alles gut abschließen. Danach Kirschen – ganz, mit oder ohne Kerne, aber ohne Stiele –, später nimmt man alles, „was der Garten schenkt". Also Himbeeren, Brombeeren, Johannisbeeren, Marillen und im Spätsommer Zwetschken. Keine Äpfel, Birnen geschält und ohne Kerngehäuse. Alles muss zuerst mit Zucker, dann gut mit Rum bedeckt sein. Den Topf stets gut verschließen (z. B. mit Klarsichtfolie), er darf reifen. Traditionell geöffnet wird der Rumtopf zu Adventbeginn.

TIPP *Rumgetränkte Früchte sind köstlich, aber mit Vorsicht zu genießen, denn sie sind wirklich gehaltvoll. Auch die Flüssigkeit wird verwendet. Ein Löffel davon dient zur Verfeinerung von Desserts oder zur Verbesserung einer Tasse heißen Tees an kalten Abenden. Rumfrüchte passen auch gut zu Schlagobers und Eis.*

Klosterneuburger Torte

Eine Torte mit Mandeln, die im Garten des Stifts Klosterneuburg geerntet wurden. Dort stehen bis heute Mandelbäume an einer geschützten Stelle an der südlichen Mauer und erfreuen die hochwürdigen Chorherren und die Bevölkerung im Frühling mit ihren schönen rosa Blüten.

Das Originalrezept aus dem Jahr 1865 ist in den Erläuterungen oft sparsam, Frau Klara Fuchs geht davon aus, dass ihre Leserinnen und Leser ohnehin bestens mit den diversen Arbeitstechniken vertraut ist. Hier die etwas erweiterte Fassung.

8 Eier (getrennt), 250 g Butter, 200 g Zucker, 200 g geriebene Mandeln, 200 g Mehl, 1 Päckchen Backpulver, 1 Messerspitze Zimt, Prise Salz, 200 g geriebene Kochschokolade, Marmelade für die Fülle. Für die Glasur 200 g Kuvertüre, 20 g Kokosfett

In einer Rührschüssel 8 Eiklar zu einem festen Schnee schlagen und beiseite stellen. In einer zweiten, größeren Rührschüssel Butter und Zucker schaumig rühren. Die Eidotter nach und nach einrühren, dazu Mandeln, Gewürze und das mit Backpulver vermischte Mehl. Alles gut durchrühren. (Diese Torte wurde früher bis zu einer Stunde händisch gerührt!) Nun behutsam den Schnee unterheben und zuletzt die geriebene Schokolade vorsichtig einrühren. In eine befettete und bemehlte Tortenform füllen und im vorgeheizten Backrohr bei mäßiger Hitze an die 45 Minuten backen.
Nachdem wir das Backen mit so vielen Eiern nicht mehr gewohnt sind, empfiehlt es sich, nach alter Köchinnenart mit einer Nadel oder einem Holzspieß in den Kuchen zu stechen: Bleibt Teig am Spieß, ist der Kuchen noch nicht durch. Zuletzt das Backrohr abdrehen und die Torte darin nachziehen lassen.
Wenn die Torte gut überkühlt ist, in der Mitte durchschneiden und mit Marmelade füllen.
Anschließend mit der Kuvertüre überziehen: Kuvertüre in Stücke teilen und in einem Gefäß im Wasserbad schmelzen. Das Kokosfett in einer Kasserolle zerlaufen lassen und zur Kuvertüre gießen. Die Masse überkühlen lassen und dann schön von der Mitte der Torte aus sanft über die Torte gießen. Man muss an der großen Oberfläche mit dem Messer nicht nachstreichen, die Kuvertüre verläuft selbst. So erhält die Torte eine schöne Oberfläche.

Nonnen-Küsse

70 g Butter, 70 g Zucker, 70 g geriebene Schokolade, 4 Eier, 70 g Mehl

In einer Schüssel Butter flaumig rühren, Zucker, Schokolade, 4 Eidotter und Mehl dazu. Alles gut durchrühren. 4 Eiklar zu steifem Schnee schlagen und dann vorsichtig in die andere Masse einrühren. Von dieser Masse werden mit dem Dressiersack kleine Plätzchen auf ein mit Backpapier ausgelegtes Backblech gesetzt.
Bei mittlerer Hitze backen. Wenn sie ausgekühlt sind, kann man sie mit einer weißen Glasur aus Zucker und Eiklar überziehen. Die Glasur sollte aber nicht das ganze Krapferl bedecken, sondern nur Teile. Damit erinnert das Plätzchen an die schwarz-weiße Nonnenhaube.

TIPP *Wer nicht gerne dressiert, kann die Masse auch in eine Muffin-Form setzen.*

Nun die „Unaussprechlichen" … Der Name ist, so weiß die Sprachwissenschaft, eine Verballhornung einer seriösen Bezeichnung für ein köstliches Brandteiggebäck. „Nonnen foertchen" soll es früher geheißen haben, verstanden wurde es als ein Gebäck, das „von Nonnen am besten zubereitet" wurde.

Nonnen-Fürzchen

Sollten Sie noch nie Brandteig versucht haben – probieren Sie ihn. Er ist schnell und einfach zu machen und die kleinen Bällchen sehen wirklich toll aus. Wenn man den Zucker weglässt, schmecken sie „neutral" und passen gut zu einem Glas Wein.

⅛ l Wasser, ⅛ l Milch, 50 g Butter, 1 Prise Salz, 1 Esslöffel Zucker, 3 Eier, 120 g Mehl. Auf Wunsch: Fett zum Ausbacken

In einem Topf Wasser, Milch, Butter und Salz zum Kochen bringen. Einmal aufwallen lassen, das Mehl hineinschütten. Topf auf der Flamme des Herdes stehen lassen und solange fest umrühren, bis die Masse glatt ist und sich vom Topfboden löst. Etwas überkühlen lassen, dann nach und nach Eier und Zucker einrühren. Dabei den Teig fest verrühren, bis er ganz glatt ist.
Nun gibt es zwei Methoden: In einer Pfanne oder Fritteuse Fett erhitzen, mit einem kleinen Löffel Portionen abstechen und diese im Fett goldgelb ausbacken.
Man kann den Brandteig aber auch im Backrohr zubereiten: Das Rohr muss sehr heiß sein, die Teigbällchen kommen auf das Backblech, werden ins Rohr geschoben. Das Backrohr sollte nun zehn Minuten lang nicht geöffnet werden, damit die Bällchen nicht zusammenfallen. Wenn sie fertig sind, öffnet man die Tür des Backrohrs und lässt sie am Backblech nachziehen.
Die fertigen „Fürzchen" werden heiß mit Zucker bestreut und serviert. Dazu passt Kompott.

Variation *Lassen Sie die Bällchen abkühlen, schneiden Sie sie in der Mitte durch und füllen Sie sie süß – mit geschlagenem Schlagobers oder „pikant" mit leichter Käsecreme.*

Zwei süße Getränke zum Dessert …

Bischof

½ l Rotwein, 150 ml Wasser, 150 g Zucker, Saft 1 Zitrone, 1 Stück Vanilleschote, ¹⁄₁₆ l Rum

In einem Topf Rotwein, Wasser und Zucker miteinander erhitzen und einmal aufwallen lassen. In einen anderen Topf Zitronensaft, Vanilleschote und Rum geben, den siedenden Wein darübergießen, zudecken und langsam abkühlen lassen. Der „Bischof" kann erkaltet aufbewahrt werden und wurde früher in großen Mengen bereitet und in Flaschen abgefüllt. Man trinkt ihn aus dem Kelchglas und kann ihn nach Geschmack mit Wasser aufgießen.

Kardinal

1 kleinere Ananas, ¾ l Rotwein, 3 Gewürznelken, 1 Stück Zimtstange, 150 g Zucker, ¼ l Wasser

Die Ananas schälen und klein schneiden. Aus Rotwein, Wasser und Zucker und den Gewürzen wird in einem Topf ein Glühwein bereitet – alles erhitzen, einmal zum Aufschäumen, aber nicht zum Kochen bringen. Ananasstücke in einen Topf geben, den Glühwein darübergießen, zudecken und abkühlen lassen. Einige Stunden ziehen lassen, dann abseihen.
Auch der „Kardinal" wird kalt genossen und kann mit Wasser aufgegossen werden. Er kann aber auch als Basis für eine Bowle verwendet werden: den „Kardinal" mit prickelndem Mineral- oder Sodawasser aufgießen und servieren.

Schwarze Seelen
(Schokoladenkekse)

160 g Mehl, 160 g Butter, 160 g Zucker, 80 g geriebene Schokolade, 2 Eier

---

Auf einer Arbeitsfläche Mehl aufschütten, die Butter in Flöckchen schneiden (oder reiben), Zucker, Schokolade und die ganzen Eier dazugeben. Einen Teig gut verkneten. Den Teig ausrollen und Formen ausstechen, auf ein mit Backpapier ausgelegtes Backblech legen und langsam backen.

> ❖ **Aus einem alten Kochbuch** ❖
>
> **Kapuziner-Kuchen**
>
> Befeuchte 6 Esslöffel Brösel mit gutem Wein. Dann verrühre 6 Eier, 120 g Zucker, Zimt, 60 g Rosinen, 60 g gewürfeltes Zitronat, 60 g gehackte Mandeln, dazu die feuchten Brösel. Den gebackenen Kuchen stürze, bestreue ihn dick mit Zucker und brenne ihn gitterartig mit glühendem Draht.

Teufelspillen

2 Esslöffel Honig, 1 Esslöffel Zucker, 40 g fein gehackte Walnüsse, ½ Teelöffel Zimt, etwas Zitronenschale, 80 g geriebene Schokolade

---

Honig in einer Kasserolle erwärmen, 1 Esslöffel Zucker dazugeben. In den erwärmten Honig kommen die gehackten Nüsse, etwas Zimt und etwas fein geriebene Zitronenschale. Überkühlen lassen. Nun werden mit einem kleinen Löffel portionsweise nussgroße Kugeln geformt, diese wälzt man in geriebener Schokolade, lässt sie trocknen und setzt sie dann in Konfektpapier.

Hexenkoch

Eine süße Speise aus passierten Äpfeln – vielleicht eine Erinnerung an Schneewittchens böse Stiefmutter?

6–7 große Äpfel, 140 g Zucker, 1 Eiklar, 1 Esslöffel Marmelade. Zum Servieren: 1 Stück Biskuit, 1 Keks oder Waffeln

---

Die Äpfel vom Kerngehäuse befreien, auf ein befettetes Backblech setzen und bei mittlerer Hitze braten, bis sie weich sind. Überkühlen lassen und passieren. In einer Schüssel Zucker und Eiklar gut verrühren. Äpfel dazugeben und alles gut und lange durchrühren. (Das Original-Rezept spricht von einer Stunde Rührzeit, allerdings rührte man damals mit der Hand.) Die Masse soll steif werden. Nun wird sie auf einem Teller zierlich angerichtet und kühl gestellt. Vor dem Servieren mit Biskuit, Keks oder Waffeln verzieren.

Vom Garten auf den Tisch – Das „einfache Leben" der Schwestern von Wernberg

Die Mariannhiller Missionsschwestern vom kostbaren Blut sind eine internationale, multikulturelle Kongregation mit Häusern in Afrika, USA, Südkorea, Papua-Neuguinea und Europa. In Kärnten, im Kloster Wernberg, lebt die größte Schwesterngemeinschaft in einem alten Schloss, dem „Klostergut", mit angeschlossenem landwirtschaftlichen Betrieb. Die Schwestern halten Rinder, Schweine, Hühner und Bienen, verarbeiten Fleisch und Milchprodukte, produzieren Honig, bauen Getreide an, betreiben Waldwirtschaft und pflegen einen großen Garten mit Obst, Kräutern und Gemüse.

Mit der Ehrfurcht, mit der die Nonnen der Schöpfung begegnen, führen sie auch ihr landwirtschaftliches Unternehmen. Mit der Schöpfung leben, sie zu nutzen, ohne sie auszubeuten, Lebensräume und gute Lebensbedingungen zu schaffen, sind einige der großen Ziele der Ordensfrauen.

Die Schwestern arbeiten in der Erziehung, im Sozialbereich und in der Landwirtschaft. Viele Gäste finden den Weg ins Kloster Wernberg: zu Seminaren, Veranstaltungen oder auch, um in einem „Kloster auf Zeit" Abstand vom Alltagstrott zu finden und ein Stück auf dem Weg weiter zu sich selbst zu gehen. Es ist ein schöner, stiller Ort, umgeben von den Karawanken und den Nockbergen, nahe dem Kärntner Seengebiet. Die Schwestern ernähren sich auf eine Art, die die meisten Menschen kaum noch kennen – sie sind „Selbstversorger". Das Fleisch, das sie essen, kommt aus der eigenen Landwirtschaft, genauso wie das Gemüse. Brot und Teigwaren werden selbst gemacht, Kräuter getrocknet, Kräuterprodukte selbst zubereitet. Sie essen die Eier ihrer Hühner und bereiten „richtige" Suppen aus biologisch gezogenem Fleisch. Ein Leben, das dem, was wir als Ursprung erahnen, nahekommt. 65 Schwestern leben im Kloster Wernberg den täglichen Rhythmus von Gebet, Arbeit und freier Zeit. „Unser Gebet mündet in unsere Arbeit", sagen die Schwestern. Und: „Wir bemühen uns um einen einfachen Lebensstil und einen respektvollen Umgang mit den uns geschenkten Gütern."

Schwester Maria Luise hat früher selbst in der Küche gearbeitet, heute übernimmt das ein Koch, aber die Planung und Organisation ist noch immer in ihrer Obhut. An manchen Tagen sind bis zu 90 Leute zu bekochen. Die Schwestern essen dasselbe wie die Gäste, aber ihr Speiseplan ist schlichter. Den Gästen will man doch ein wenig mehr bieten. „Heute wird für Mittag Gulasch gekocht, das essen wir alle, dazu gibt es Kartoffeln oder Reis. Und abends Polentaschnitten. Aber wir Schwestern essen unter der Woche keine Nachspeise, nur am Sonntag. Vielleicht gibt es einmal Pudding oder Topfencreme, Obst gibt es immer." Ein Speiseplan wird erstellt, aber nur als „Gerüst", an dem man sich orientieren kann. Von Frühling bis Herbst bestimmt der Garten das Menü. Wenn es regnet, müssen die Tomaten gepflückt werden, ihre Haut platzt sonst auf. Wenn ein Unwetter droht, wird einen Tag früher geerntet: Sobald Gemüse reif ist, kommt es auf den Tisch. So etwas weiß man nicht zwei Wochen vorher. Während der „Saison" kommt das, was der Garten schenkt, auf direktem Weg in die Küche: Salat, Karotten, Zwiebeln, Zucchini, Kürbisse, Kraut, Rote Rüben, Fisolen und Bohnen, Kohlrabi und vieles andere mehr. Auch die Früchte des Obstgartens werden gerne gegessen – in Form von Strudel, Kuchen, Knödel, Auflauf oder Kompott. Was nicht frisch verkocht und verkauft wird, aus dem wird Saft, Kompott und Marmelade für den Winter bereitet. Das Getreide wird vermahlen oder als Korn verkocht und verbacken – Weizen und Roggen und vor allem Dinkel. Im Klosterladen gibt es das alles zu kaufen, besonders die Dinkelprodukte sind sehr beliebt. Auch die Nachfrage nach dem Klosterbrot ist groß. Rinder und Schweine werden nicht gezüchtet, aber ihr Fleisch wird gegessen beziehungsweise ihre Milch verarbeitet. Für das Joghurt aus Wernberg haben die Mitarbeiter des Klosters vor Kurzem eine Goldmedaille bekommen, darauf sind alle stolz. Auch eine hauseigene Leberstreichwurst wurde ausgezeichnet, es gibt feine Hauswürstl im Klosterladen und das in der Steiermark und Kärnten so berühmte „Verhackerte" – ein Fleischaufstrich. Die Schwestern selbst essen meist fleischlos, sind aber keine Vegetarier. Ihre Küche ist ganz einfach, hält aber ohne Weiteres dem Vergleich mit jeder Hauben-Küche stand. Alles kommt frisch auf den Tisch, ist biologisch aufgezogen und mit Achtung gepflegt, geerntet und zubereitet. Schlicht und doch vom Feinsten. Oft gibt es Dinkelspeisen – Nudeln in vielerlei Variationen, fast immer in Kombination mit Gemüse wie fein gehackten Zucchini

mit Kräutern, Tomaten mit Kräutern, frischem Lauch oder ein paar Karotten. Bunte Speisen wie aus dem Lehrplan der Traditionellen Chinesischen Medizin. Auch Polentaspeisen essen sie gerne, vor allem abends, und einmal in der Woche zum Frühstück den berühmten Kärntner Tolggn, einen besonderen Sterz aus Buchweizen.

Dass alles verwertet wird, ist so selbstverständlich, dass nicht darüber geredet wird. Alt gewordenes Brot wird verkocht oder in Würfel geschnitten oder zu Bröseln vermahlen, aus Fallobst werden Kompott oder Strudel produziert. Übrig gebliebene Speisen kommen ein zweites Mal auf den Tisch. Wer dabei ist, wenn die Pflanzen ausgesetzt werden und ihnen beim Wachsen zusieht, wer beim Gießen hilft und beim Ernten, bekommt ein anderes Lebensgefühl. Wenn man so lebt, weiß man, was ein „trockener Sommer" bedeutet und wird in das morgendliche Geheul der Radiomoderatoren über einen Regentag nicht einstimmen. Man lernt die Hitzetage – die „Hundstage" – während der Getreideernte zu schätzen und ist von einem nächtlichen Gewitter mit Hagel, von Stürmen und Überschwemmungen persönlich betroffen. Die Bitte um eine gute Ernte zum Fronleichnam-Fest und die Feiern zum Erntedank im Herbst sind lebendig und werden aus vollem Herzen begangen. Die Schwestern leben mit und von der Natur, sie achten und ehren die Schöpfung. Biologischer Landbau ist für sie eine selbstverständliche christliche Lebenshaltung. Es ist ihre Art, die Schöpfung zu ehren und für all diese Gaben zu danken, Tag für Tag.

❈ **Die Schwestern von Wernberg** ❈

„Die Schöpfung – der Garten Gottes – ist Gottes Geschenk an uns, ein Stück Himmel auf Erden."

Fastenspeisen

Fastenspeisen

Gedanken übers Fasten

Wir essen zu viel, zu oft und zu schwer. Köstlichkeiten, die dem Sonntag zugedacht sind, haben in der Alltagskost ihren Platz eingenommen. Viele Kinder kommen mit diesem Leben nicht zurecht, verlieren die Form oder verweigern sich jeglichem Essen. Und die Erwachsenen verlernen bei alldem schlechten Gewissen, zu genießen. Die Zeitungen sind voll mit Diät-Tipps, allerdings verwechseln viele Menschen Fasten mit Diät-Halten und Gesund-Leben mit Schönheitswahn. Das richtige Maß ist uns offenbar abhanden gekommen.

Menschen, die finanziell schlecht gestellt sind, ernähren sich heute oft besonders schlecht. Das hat viel mit dem Angebot zu tun. Industriell produzierte Nahrung, sogenanntes Junk-Food frei von Vitaminen und Spurenelementen, angereichert mit Geschmacksverstärkern und allerlei chemischen Zusätzen –, wird im Supermarkt oft zu Schleuderpreisen angeboten. Wer sich ungesund ernähren will, kann das durchaus billig tun. Dass man seinem Körper auch Gutes um wenig Geld bieten kann, haben wir, so scheint es, vergessen. Dabei wäre gerade das eine Herausforderung.

Ein Blick in die Küche armer Leute vor noch etwa achtzig Jahren zeigt: In kleinen bäuerlichen Haushalten gab es unter der Woche fast täglich dicke Gemüsesuppe oder Eintöpfe mit dem, was im Garten, auf der Wiese, im Wald oder im Vorratskeller zu finden war. Oder den berühmten Sterz, also gerösteten Mehlbrei. Brot war bereits eine Kostbarkeit. Die Menschen verbrachten eine Menge Zeit damit, Nahrungsmittel anzubauen, zu pflegen, zu ernten und sie zuzubereiten.

Essen „aus der Tüte" läuft nebenher – beim Kochen wie beim Essen. Gute, wertvolle Nahrung will zubereitet sein. Und das braucht Zeit.

> ❋ *Zisterzienserpater Karl* ❋
>
> *„Das ist schön am Essen im Kloster, dass es die Abwechslung gibt zwischen Fasten und Freude. Da stellen sich alle darauf ein. Da gibt es zum Beispiel an einem Freitag in der Fastenzeit zu Mittag Linsen, am Abend Brot und Butter. Und zu Ostern gibt es ein wirkliches Festmahl und man freut sich. Das ist dann ein Fünf-Sterne-Menü."*

„Fasten hat nicht immer mit Essen zu tun", sagt Schwester Benedikta vom Kloster auf der Fraueninsel Chiemsee, in dem die Schwestern für sich selbst das ganze Jahr über sehr sparsam und bescheiden kochen. Fasten bedeutet heute, auf etwas zu verzichten – auf das Fernsehen, auf das Autofahren, auf etwas, das einem schwerfällt. Vielleicht auch einmal auf Hektik und allzu hohes Tempo im Alltag. Drehen Sie das Rad der Zeit zurück, setzen Sie sich in Ruhe an den Küchentisch, um eine Einkaufsliste zu schreiben. Nehmen Sie die Zeit bewusst wahr, die Sie brauchen, bis eine Mahlzeit auf den Tisch kommt. Nahrungsmittel ansehen, auswählen und kaufen. Zum Beispiel ein Kilogramm Karotten: mit Andacht putzen und schaben, sie dann vergnügt in Scheiben schneiden und in etwas Butter andünsten, etwas Salz und eine Prise Zucker dazugeben. Wenn Sie dann noch etwas Dille fein hacken und darüberstreuen, haben Sie ein einfaches Mahl, das Sie langsam und bewusst genießen. Auch das ist ein Fastengedanke.

Dom zu Gurk »

Fastentage im Kloster

Im Kloster gibt es das ganze Jahr über Fastentage: Mittwoch und Freitag wird in jedem Fall fleischlos gekocht, im Frauenkloster am Chiemsee kommt der Samstag noch dazu. Im Kloster Andechs in Bayern unterscheidet die Köchin zwischen dem „kleinen Fasttag" – dem Mittwoch – und dem „großen Fasttag" am Freitag, der ein „strenger" ist.

Dazu kommen die beiden Fastenzeiten, vierzig Tage vor Ostern, vier Wochen vor Weihnachten, auch die werden auf unterschiedliche Weise begangen. Im Stift Geras wird während der österlichen Fastenzeit völlig auf Fleisch verzichtet. Für die Köchin ist das eine Herausforderung. In anderen Klöstern wird für Mönche oder Nonnen nicht extra gekocht, sie essen gemeinsam mit Gästen. Dann sind die Speisen zwar fleischlos, aber nicht karg, und jeder entscheidet für sich, was er isst. Fasten ist eine persönliche Sache. Wer zum Essen ohnehin keine innige Beziehung hat, dem wird auch an Fasttagen nichts abgehen. Im Stift Heiligenkreuz leben viele Mönche sehr asketisch, erzählt Pater Karl, der von sich selbst sagt: „Ich esse gerne."

In der Fastenzeit kommen im Kloster Speisen auf den Tisch, die an die Arme-Leute-Küche erinnern. Das ist ein bewusster Schritt, so zu essen wie die Armen: Erbsen, Bohnen, Linsen, Kartoffeln, Reis – billige Speisen, einfach zubereitet. Auch „Mehlspeisen" werden bereitet, einfache Kost, nicht immer gesüßt und mit Zucker bestreut. Oft gibt es Gemüse oder Gemüse-Eintöpfe, dazu ein Stück Brot, abends oft Brot und Butter.

Dass in der Klosterküche des Barock noch üppige Fastenmenüs gekocht wurden, mit Schnecken und Muscheln und allerlei verstecktem Fleisch, ist heute nur mehr kuriose Geschichte. Vieles wird durch einen Blick auf die Zeit verständlicher: Die Menschen mussten körperlich schwer arbeiten und auf kräftigende Speisen achten, deshalb kam für die Armen Fasten ohnehin nie in Frage. Wie heißt es bei Bertolt Brecht: „Wir brauchen nicht den Appetit, wir haben den Hunger."

In der modernen Klosterküche wird an Fasttagen billige und gesunde Kost serviert und manches, das man am Sonntag dazugeben würde – etwas Sauerrahm, ein weiteres Ei – weggelassen. Einmal die Woche gibt es Fisch, aber auch die Fischspeisen sind schlicht. Alles in allem helfen die Fastenspeisen, sich daran zu erinnern, dass wir mit weniger auskommen können und dabei noch gut und geschmackvoll speisen.

Gemüsespeisen

Gemüselinsen

Linsen sind eine beliebte Fastenspeise, schlicht und doch sättigend. Außerdem werden sie bereits im Alten Testament erwähnt.

300 g Linsen, 1 Lorbeerblatt, etwas Thymian, 1 Zwiebel, 2 Gewürznelken, Salz, 2 Karotten, 1 Stange Lauch, 2 Knoblauchzehen, Öl zum Anrösten, 1 Esslöffel Mehl, 1 Esslöffel Essig, Salz

Wenn Sie rote Linsen nehmen, müssen Sie diese nicht einweichen. Braune Linsen am besten über Nacht einweichen. Am nächsten Tag Wasser abgießen und Linsen wie folgt verarbeiten: Linsen in einen Topf mit Wasser geben, dazu Lorbeerblatt, Thymian, geschälte ganze Zwiebel, in die man zwei Gewürznelken steckt, etwas Salz. Linsen weich kochen. Karotten putzen und in feine Streifen oder sehr kleine Würfel schneiden, Lauch waschen und in feine Ringe schneiden, Knoblauchzehen schälen und fein hacken. In einem Topf Öl erhitzen, Lauch, Knoblauch und Karotten durchschwitzen lassen, mit Mehl stauben, mit ein wenig Kochwasser der Linsen ablöschen, salzen und nicht zu weich kochen lassen. Zuletzt die abgetropften Linsen zugeben, alles fertig dünsten lassen, einen Löffel Essig dazu, abschmecken.
Etwas Senf hilft, die Linsen pikant zu machen.

TIPP *Isst man die Linsen ganz schlicht, gibt es dazu Schwarzbrot. „Klassisch" passen Semmelknödel. Eine Besonderheit aus dem nordöstlichen Niederösterreich und Oberösterreich sind „Linsen mit Nudeln". Hier werden gekochte Bandnudeln in gerösteten Semmelbröseln gewälzt und zu Linsen serviert.*

Ein bunter Bohnen-Topf *Diese Speise kann man aus trockenen weißen Bohnen bereiten – genau nach dem Linsen-Rezept. Bloß lässt man das Gemüse weg und röstet nur Lauch oder Zwiebel etwas an, staubt, gießt auf und gibt die gekochten Bohnen dazu. Sie können aber auch einmal einen „bunten" Bohnen-Topf bereiten – mit roten, weißen und schwarzen Bohnen.*

Eine alte Fastenspeise:
Ritscher *oder Ritschert*

150 g Bohnen, 150 g Rollgerste („Graupen"), Fett zum Anrösten, 1 Zwiebel, Öl zum Anrösten, gehackte Petersilie, 1 Esslöffel Mehl, Salz, Pfeffer

Bohnen über Nacht einweichen. Am nächsten Tag Wasser abgießen. In einem Topf Bohnen und Rollgerste in etwas gesalzenem Wasser weich kochen. Abseihen. Zwiebel schälen und fein hacken, in Öl anrösten, Petersilie dazugeben und durchrösten. Mit Mehl stauben und mit wenig Bohnenwasser ablöschen. Salz und Pfeffer dazu und Rollgerste und Bohnen. Alles gut durchköcheln lassen, es soll ein dicker Brei sein. Wenn Flüssigkeit nötig ist, vom Bohnenwasser zugießen. Ritschert wird auch gerne mit Selchfleischwürfeln bestreut, manchmal gibt man auch grüne Erbsen hinzu.

> ❖ **Aus einem alten Kochbuch** ❖
>
> Als „Ruetschart" wurde diese Bohnen-Speise schon im Mittelalter im Kloster Tegernsee gekocht. Bohnen wurden zu einem Mus gekocht, mit zerlassenen Speckwürfeln vermischt und gewürzt.
> Ein herzhaftes Essen für „kleine Fasttage".

Erbsenpüree
aus trockenen Erbsen

300 g Erbsen, Salz, 1 Lorbeerblatt, etwas Thymian. 1 Zwiebel, Öl zum Anrösten, ein wenig Mehl, Pfeffer, Salz

Erbsen über Nacht einweichen, am nächsten Tag abgießen, frisches Wasser zugeben, ein Lorbeerblatt, etwas Salz und Thymian und richtig weich kochen. Die Zwiebel schälen und fein hacken, in etwas Öl anrösten, mit wenig Mehl stauben (1/2 Esslöffel) und mit ein paar Löffeln vom Erbsenwasser ablöschen. Die gekochten Erbsen abgießen und passieren, mit der Einmach vermischen, pfeffern und salzen und noch einmal aufkochen. Dazu passt dunkles Brot.

Paprikakraut

Ein Vitaminspender für die winterliche Fastenzeit.

1 Kopf Kraut, 2 Zwiebeln, 3 gelbe oder rote Paprika, 1 Pfefferoni, Öl zum Anrösten, einige Esslöffel Tomatenmark oder 200 g Tomatensoße, Pfeffer, Salz, Kümmel, Thymian

Das Kraut halbieren, in schmale Streifen schneiden (etwa 0,5 cm), den Strunk wegschneiden. Zwiebeln schälen und grob schneiden, Paprika entkernen und in Streifen schneiden, Pfefferoni entkernen und in feine Ringe schneiden. In einem Topf Öl erhitzen, Zwiebel anrösten, Paprika und Pfefferoni dazu geben, anrösten, nach und nach kommen das Kraut, die Gewürze und das Tomatenmark in den Topf. Alles gut durchrühren und weich dünsten.

TIPP *Dazu passen Kartoffeln oder Brot. Dieses Paprikakraut ist an Sonntagen auch eine gute Beilage zu gebratenem Fleisch.*

Gemüse *auf polnische Art*

Eine ganz einfache Speise, die auch nicht viel Zeit in Anspruch nimmt. Hier werden Semmelbrösel in etwas Butter geröstet, gesalzen und damit das gekochte Gemüse gut bestreut. Besonders gut schmeckt das bei Karfiol, Broccoli, Fisolen, Schwarzwurzeln oder Kohlsprossen. Aber natürlich passt diese Zubereitung zu allen Gemüsesorten.

1 Karfiol, etwas Salz, 2 Esslöffel Butter, 150 g Semmelbrösel, Salz

Karfiol von den Blättern befreien, den Strunk wegschneiden, in kaltes, gesalzenes Wasser legen und eine halbe Stunde stehen lassen. (Auf diese Weise kommen mögliche „Landbewohner" aus ihren Unterkünften.) Einen Topf mit Wasser zum Kochen bringen, Salz dazu, Karfiol hineingeben und weich kochen. (Vorsicht, das geht schneller als man glaubt!)
In der Zwischenzeit in einer Pfanne Butter zerlaufen lassen, Semmelbrösel sacht anrösten, ein wenig salzen. Den Karfiol aus dem Wasser heben, in einem tiefen Teller gut abtropfen lassen und danach rundum mit den Bröseln bedecken.
Der Karfiol kann vor dem Kochen in Röschen zerteilt werden, aber auch danach. Die groben Stücke vom Strunk sollten auf jeden Fall weggeschnitten werden.

❋ *Pfarrer Sebastian Kneipp* ❋

*Alles, was wir brauchen,
um gesund zu werden,
hat uns die Natur reichlich
geschenkt.*

Ofengemüse

Hier wird Gemüse geputzt, geschnitten, auf ein Backblech gelegt und ins Backrohr geschoben.

Gemüse der Saison verwenden, z. B. 500 g Kartoffeln, 3 Karotten, 2 Paprika, 1 Zwiebel, 1 Zucchino, 3–5 Tomaten, Salz, Pfeffer, frische Kräuter (z. B. Rosmarin, Thymian, Petersilie, Basilikum), etwas Öl

Kartoffeln schälen und in Viertel oder in Scheiben schneiden, Karotten und Zucchino putzen und in Scheiben schneiden, Zwiebel schälen und in Ringe schneiden, Paprika entkernen und in längliche Viertel schneiden. Die Stielansätze von den Tomaten wegschneiden, dann kleinwürfelig schneiden. Ein Backblech mit Backpapier auslegen oder befetten. Alles Gemüse (außer Tomaten) zu einem bunten Bild darauflegen, etwas salzen und pfeffern und mit wenig Öl beträufeln. In das vorgeheizte Backrohr bei mittlerer Hitze geben, von Zeit zu Zeit das Blech ein wenig bewegen. Nach etwa 20 Minuten die Tomatenwürfel darübergeben, mit gehackten Kräutern bestreuen und weiterbacken, bis das Gemüse weich ist. Dazu passt Weißbrot.

Frau Elisabeth, die im Stift Geras für die Mönche des Prämonstratenser-Ordens kocht, pflegt besonders fettsparend zu kochen. Einerseits wegen der Gesundheit und andererseits, weil sie sparsam wirtschaften muss. Aber „daran bin ich gewöhnt, ich habe vier Kinder, da muss man seine Ausgaben schon planen". Was immer die Köchin paniert – sie bäckt es nicht in der Pfanne, sondern im Backrohr. Für diese Art der Zubereitung braucht sie ganz wenig Öl, dennoch wird alles knusprig.

Gebackenes Gemüse
aus dem Backrohr

Gemüse der Saison: z. B. Zucchini, Pilze, Karfiol, Sellerie. Dazu Salz und zum Panieren Mehl, Milch und Ei, Semmelbrösel, etwas Öl und ein Pinsel

Zucchini in längliche Scheiben schneiden, Pilze ganz oder in Scheiben, Karfiol nicht zu weich gekocht in Röschen zerteilen, Sellerieknollen gekocht, geschält und in Scheiben schneiden. Alles leicht salzen. Milch und Ei miteinander versprudeln. Jedes Gemüsestück mit Mehl bestauben, durch die Milch-Ei-Masse ziehen, mit Semmelbröseln bedecken. Das Backblech mit Backpapier bedecken oder befetten, paniertes Gemüse darauflegen, mit Öl beträufeln oder bepinseln und bei mittlerer Hitze backen. Zwischendurch einmal umdrehen, damit das Gemüse auf beiden Seiten schön goldgelb gebacken wird. Dazu gibt es Kartoffeln und Salat.

Gemüsetopf

Für diesen Gemüsetopf gibt die Köchin kein Rezept an. „Man nimmt, was man hat, und schaut, wie lang es braucht." Die Speise erinnert an die Zeiten, wo die Speise im Kessel auf einem Dreibein über offenem Feuer gegart wurde – in alten Märchenbüchern ist das noch zu sehen.

3–4 verschiedene Gemüse putzen, in nicht zu große Würfel oder Streifen schneiden. Mit dem Gemüse, das am längsten braucht, beginnen: Dieses mit etwas Öl in den Topf geben, durchrühren, dann nach und nach die nächsten hineingeben, etwas Salz und Pfeffer und gehackte Kräuter, wenn nötig ein wenig Wasser. Alles langsam schmoren lassen. Dazu passt Brot.

Den Gemüsetopf kann man auch gut einen Tag vorher zubereiten und aufwärmen – er schmeckt dann noch besser.

> ❈ *Tischgebet nach einem Gedicht von Christian Morgenstern* ❈
>
> „Erde, die uns dies gebracht,
> Sonne, die es reif gemacht –
> liebe Sonne, liebe Erde,
> euer stets gedenken werde."

Kartoffel-Gemüse-Auflauf

Gekochte Kartoffeln werden abwechselnd mit Gemüse in eine befettete Auflaufform geschlichtet, gewürzt und mit einer Béchamelsoße übergossen und gebacken. Hier ein Beispiel:

1 Schüssel Spinatblätter, etwas Butter, Salz, Pfeffer,
2 Knoblauchzehen, ein paar Tomaten, 700 g gekochte Kartoffeln,
Butter für die Form, Muskatnuss, Petersilie. Für die Béchamelsoße:
1 Esslöffel Butter, 1 Esslöffel Mehl, 250 ml Milch

Spinat waschen. In einer Pfanne Butter zerlaufen lassen, Spinat hineingeben und zusammenfallen lassen. Mit Salz, Pfeffer und den gepressten Knoblauchzehen durchrühren und überkühlen lassen. Tomaten vom Stielansatz befreien und würfelig schneiden. Kartoffeln schälen und in Scheiben schneiden. Eine Auflaufform mit Butter einfetten. Mit der Hälfte der Kartoffelscheiben belegen, etwas salzen, Spinat darüber, etwas Salz und Muskatnuss, die Tomatenwürfel und die gehackte Petersilie. Nun wieder Kartoffelscheiben darüberlegen, mit Salz und Muskatnuss bestreuen.

Für die Béchamelsoße in einer Pfanne Butter zerlaufen lassen, das Mehl einrühren, mit Milch aufgießen, ein wenig salzen und sanft köcheln lassen. Über die Kartoffelscheiben gießen, ins vorgeheizte Backrohr geben und bei mittlerer Hitze etwa 20 Minuten backen.

Aus der Reste-Küche

Manchmal ist der Fasttag auch ein „Restl-Tag", da wird verwertet, was übrig geblieben ist. Hier ein paar Beispiele:

Geröstete Knödel

Gekochte Semmelknödel, Salz, pro Knödel ein Ei und etwas Milch, Öl zum Anrösten

Semmelknödel in Scheiben schneiden, Ei mit Milch verquirlen. In einer Pfanne Öl erhitzen, die Knödelscheiben auf beiden Seiten sacht anbraten, leicht salzen und dann mit der Eiermilch übergießen, diese verteilen und stocken lassen. Sofort servieren. Dazu passen Essiggurkerln oder Salat.

Eingebrannte Erdäpfel

Übrig gebliebener Erdäpfelsalat. Für die Einmach: 1 Esslöffel Butter, 1 Esslöffel Mehl, etwas Suppe

Erdäpfelsalat in ein Sieb geben und abtropfen lassen. In einem Topf Butter zerlaufen lassen, Mehl einrühren, anschwitzen und mit Suppe aufgießen, kurz durchköcheln. Nun kommt der Kartoffelsalat dazu, alles sanft durchkochen, zudecken und nachziehen lassen.
Dazu gibt es ein gekochtes Ei oder ein Spiegelei und ein Stück Brot.

Semmelschmarren

6–8 Semmeln, ½ l Milch, 2 Eier, etwas Salz, 1 Zwiebel, Öl zum Anrösten, gehackte Petersilie oder andere Kräuter, evtl. etwas Käse zum Bestreuen

Semmeln blättrig schneiden, Milch mit Eiern versprudeln und über die Semmeln gießen, zehn Minuten stehen lassen. Zwiebel schälen und fein hacken. In einer Pfanne Öl erhitzen, Zwiebel anrösten und dann die Semmelmasse dazugeben, alles durchrösten. Salzen und auf Wunsch zuletzt etwas geriebenen Käse darüberstreuen. Dazu gibt es Salat.

TIPP Diesen Semmelschmarren kann man auch als süße Speise bereiten: Semmeln mit der Eiermilch, etwas Zimt und Zucker übergießen. In einer Pfanne Butter zerlaufen lassen und die Semmelmasse darin rösten. Dazu passt Kompott.

❖ Aus einem alten Kochbuch ❖

Propst-Brot

8 Scheiben Weißbrot, ein wenig Milch, 2 Eier, Salz, Pfeffer, etwas Mehl, eine Handvoll Semmelbrösel, Butter oder Butterschmalz zum Herausbacken

Die Brotscheiben mit ein wenig Milch beträufeln, sodass sie feucht, aber nicht nass sind. Die Eier verquirlen. Brot mit Salz und Pfeffer sanft bestreuen, leicht mit Mehl bestauben, durch die Eier ziehen und in Semmelbröseln wälzen (Also: Die Brotscheiben panieren.). In einer Pfanne Butter (Butterschmalz) heiß werden lassen und die panierten Brotscheiben goldbraun backen. Dazu passt Salat.

Wenn in früheren Zeiten Brotback-Tag war, hat man zuletzt aus den Teigresten in der Restwärme des Backofens Fladenbrote gebacken. Wenn diese später hart geworden sind, sind daraus die Brezennudeln entstanden. „Schaling" heißt diese Speise im Salzkammergut und viele Männer lieben sie. Die Frauen kochen sie nicht so gern, weil sie aufwändig zuzubereiten ist. In früheren Zeiten sind die Fladen „nebenher" entstanden. Heute muss man die Fladen extra zubereiten.

Eine alte Fastenspeise:

Brezennudeln (*"Schaling"*)

500 g Vollkornmehl, 1 Päckchen Trockenhefe, etwas Salz, 325 ml Wasser. Einen Topf Wasser zum Kochen, Butterschmalz zum Anrösten. (Ersatzweise auch Öl, aber Butterschmalz gibt besseren Geschmack.)

Aus Vollkornmehl, lauwarmem Wasser, Salz und Trockenhefe einen Hefeteig (Brotteig) bereiten. Gut durchkneten. Den Teig mit einem Tuch bedecken und etwa 20 Minuten gehen lassen. (Er muss nicht zu hoch werden.) Nun den Teig in mehrere Stücke teilen und auf einer bemehlten Arbeitsfläche Stück für Stück auswalken, sodass Fladen entstehen. (So wie bei der Pizza-Bereitung). Diese Fladen auf einem Backblech im vorgeheizten Rohr backen, bis sie goldbraun sind. (Das dauert nicht lange.) Nun auskühlen lassen. Die gebackenen Fladen in kleine Stücke zerteilen. Wasser in einem Topf zum Kochen bringen, die gebackenen Fladenstücke hineingeben, ein paar Minuten überkochen und dann aus dem Wasser nehmen. Butterschmalz (oder Öl) in einer Pfanne erhitzen und die Fladenstücke gut durchrösten. Dazu reicht man Salat oder Sauerkraut oder einfaches Gemüse.

Grießschmarren

1 l Milch, 150 g Vollkorngrieß, Prise Salz, 2 Esslöffel Butter

In einem Topf die leicht gesalzene Milch aufkochen, Grieß einrieseln und ein paar Minuten köcheln lassen. In eine Auflaufform die zerlassene Butter hineingeben und den Grießbrei dazu. In das vorgeheizte Backrohr geben und bei mittlerer Stufe backen. Der Schmarren soll schön knusprig sein und wird vor dem Anrichten mit zwei Gabeln in Stücke (Bröckerl) gerissen.
Dazu gibt es Salat.

TIPP *Dieser Grießschmarren kann auch als süße Speise serviert werden. Er wird genauso bereitet, nur vor dem Anrichten mit Zucker bestreut. Dazu gibt es Kompott.*

Topfenknöderl

50 g Butter, 1 Ei, Prise Salz, 250 g Topfen, 120 g Mehl, 2 Esslöffel Grieß, 1 nussgroßes Stück Butter, eine Handvoll Semmelbröseln. Zucker zum Bestreuen

In einer Schüssel Butter weich rühren, Ei, Salz, Topfen dazugeben, gut durchrühren. Mehl hinzufügen und zuletzt den Grieß. Ein weicher, aber doch fester Teig soll entstehen. Etwa 20 Minuten rasten lassen. Wasser in einem Topf leicht salzen und zum Sieden bringen. Kleine Knöderl formen und hineingeben, 10 Minuten sieden lassen. In der Zwischenzeit in einer Pfanne Butter zerlaufen lassen, Brösel sanft anrösten. Knöderl aus dem Wasser heben, abtropfen lassen und in den Bröseln wälzen. Mit Zucker bestreuen und servieren.

Schwester Serafine von den Marienschwestern in Linz kocht dazu:

Hollerröster

Ein Kompott aus gekochten Holunderbeeren.
Die Beeren werden mit einer Gabel von den kleinen Rispen gerebelt, in etwas Wasser mit ein wenig Zucker und einem Stück Vanilleschote weich gekocht, dazu gibt man einen Esslöffel Stärkemehl (Maizena oder Maismehl).
Holunderkompott ist vitaminreich, regt die Verdauung an und macht schrecklich dunkle Flecken auf das Tischtuch, wenn man auspatzt.

❖ **Ein Klosterrezept für alle Tage** ❖

Nimm eine große Portion Güte,
dazu einen Würfel Geduld –
Geduld mit dir selbst und mit anderen.

Vergiss die Prise Humor nicht,
das hilft dir, alles besser zu verdauen.

Mische ein gehöriges Maß Arbeitslust dazu
und gieße über alles ein großes Lächeln.

Dann hast du jeden Tag Sonne.

Ein schnelles und leichtes Mittagessen:

Palatschinken

Für den Palatschinkenteig: 150 g Mehl, 1 Ei, 200 ml Milch, Prise Salz in einer Rührschüssel gut verrühren, dann in einer Pfanne mit heißem Öl Palatschinken ausbacken.
(Genaue Anleitung siehe Seite 32)

Marmelade-Palatschinken *werden gleich heiß mit Marmelade gefüllt und serviert.*

Topfenpalatschinken

Palatschinken werden mit einer Topfenfülle gefüllt und im Backrohr überbacken. Wenn man mehr Esser hat, ist dieses Rezept zu empfehlen – diese Palatschinken halten sich viel länger warm.

60 g Butter, 80 g Zucker, 1 Ei, 250 g Topfen, etwas abgeriebene Zitronenschale, 1 Päckchen Vanillezucker, auf Wunsch 2 Esslöffel Rosinen. Für den Guss: 300 ml Milch, 1 Esslöffel Zucker, 1 Esslöffel Vanillepudding-Pulver

Butter in einer Schüssel schaumig rühren, Zucker, Ei, Topfen und Vanillezucker dazugeben. Mit dieser Mischung die gebackenen Palatschinken füllen. Eine Auflaufform mit Butter ausstreichen, die Palatschinken eng nebeneinanderlegen. Milch mit Zucker verrühren, in einem Topf zum Kochen bringen, mit einem Restchen Milch das Vanillepudding-Pulver in einer Tasse glatt rühren, in die kochende Milch eingießen, durchrühren und vom Herd nehmen. Ein wenig davon über die Palatschinken gießen, diese im vorgeheizten Rohr nicht allzu heiß backen. Von Zeit zu Zeit etwas Vanille-Milch darübergießen.

Apfelschmarren

300 g Mehl, 3 Eier, ⅜ l Milch, Prise Salz, 4–5 Äpfel, Fett zum Ausbacken (gut schmeckt Butter oder Butterschmalz)

Dieser Schmarren wird aus einem Omeletten-Teig bereitet: In einer Rührschüssel Mehl, Eidotter, Prise Salz und Milch zu einem glatten Teig verrühren. Eiklar extra zu Schnee schlagen und dann unter die andere Masse mengen. Die Äpfel vom Kerngehäuse befreien – auf Wunsch schälen, muss aber nicht sein – und sehr fein schneiden, am besten raffeln. Äpfel unter den Teig mengen. In einer Pfanne Fett heiß werden lassen und den Teig portionsweise hineingießen – am besten fingerhoch. Teig dann umdrehen und auch von der anderen Seite backen, danach mit 2 Gabeln zerreißen. Den Apfelschmarren ins warme Backrohr stellen, bis alle Portionen fertig sind, damit er nicht auskühlt. Vor dem Anrichten bezuckern.
Diesen Apfelschmarren kann man auch ohne Äpfel als „Mehl-Schmarren" bereiten. Dann reicht man dazu Kompott. Oder man gibt Salz und Pfeffer in den Teig und serviert dazu Salat.

Klösterliche Fischrezepte

Viele Klöster haben ihre eigenen Fischteiche, in diesem Fall zählt Fisch zu den billigen Speisen und wird nicht nur gebacken, sondern auch zu Saftspeisen verkocht. Ein typischer „Klosterfisch" ist der Karpfen, der längst nicht so fett ist, wie man glaubt. Fisch wird in der Fastenzeit auch dann serviert, wenn das Mittagessen aus mancherlei persönlichen Anlässen feierlicher sein darf.

Eier-Omelette *mit Fischstücken*

Eine einfache Speise, die schnell zuzubereiten ist – sie muss aber auch schnell vom Herd auf den Tisch kommen und die Fischstücke müssen unbedingt grätenfrei sein!

Pro Omelette rechnet man 2 Eier und etwas Salz. Öl für die Pfanne, 1 kleine Zwiebel, 100 g Fischfilet, Salz, Pfeffer, Butter, fein gehackte Kräuter (Estragon passt gut zum Fisch, auch Petersilie, Dille.)

Zwiebel schälen und fein hacken, Fisch in kleine Stücke schneiden. Zwiebel in Butter anrösten, Fischstücke dazugeben und weich dünsten, salzen und pfeffern.
Eier mit Salz in einer Tasse gut verquirlen. Öl in einer Pfanne gut erhitzen, die Eiermasse eingießen und gut verteilen. Mit einer Gabel etwas auflockern, bis die Eier anziehen. Die Oberfläche soll leicht cremig bleiben. Nun auf eine Hälfte der Omelette die Fischstücke geben, die zweite Seite darüberschlagen, sodass diese bedeckt sind. Mit Kräutern bestreuen und sofort servieren.

Fischfilet *auf Gemüse*

Ein ganz einfaches Rezept: Gemüse der Saison wird zubereitet und bevor es noch ganz weich ist, werden gewürzte Fischfilets obenauf gelegt und fertig gedünstet.

Zum Beispiel: 500 g Zucchini, 1 Zwiebel, 2 Knoblauchzehen, Öl zum Andünsten, Salz, Pfeffer, frische Kräuter wie Dille, Estragon, Zitronenmelisse oder Petersilie, ⅛ l Weißwein oder Suppe Ca. 700 g Fischfilets (Hier passen Forelle, Lachs, Scholle und Zander.), 1 Zitrone, auf Wunsch etwas Sauerrahm

Fisch waschen, trocken tupfen, mit Zitronensaft beträufeln und beiseite stellen. Zwiebel schälen und fein schneiden, in einer größeren Pfanne in Öl anrösten. Zucchini in Scheiben schneiden und dazugeben, gut andünsten, Knoblauchzehen hineinpressen, salzen, pfeffern, mit Weißwein oder Suppe aufgießen und etwas dünsten. Kräuter fein hacken und beifügen. Bevor die Zucchini fertig sind, die Fischfilets obenauf legen, Deckel daraufgeben und fertig dünsten. All das dauert nicht lange. Dem Gemüse kann man vor dem Servieren noch etwas Sauerrahm beifügen.
Dazu passen Teigwaren, auch Reis und Kartoffeln.

TIPP *Auf diese Weise kann man die verschiedensten Gemüse mit Fisch kombinieren. Zum Beispiel passt Fisch sehr gut zu Tomatensoße, oder Sie nehmen ein buntes Gemüse aus Karotten, Erbsen und Broccoli, sogar Bohnen passen zum Fisch, dazu ein bisschen Tomatenmark.*

Fisch-Curry

700 g Fischfilets, 1 Zitrone, 2 Zwiebeln, ca. 250 g Tomaten, Öl zum Anrösten, 1 Esslöffel Senfkörner, 1 Esslöffel Mehl, etwas Suppe oder Weißwein, Salz, Pfeffer, 2 Esslöffel Curry

Fischfilets waschen, trocken tupfen, in grobe Stücke schneiden, mit Zitronensaft beträufeln und beiseite stellen. Zwiebeln schälen und fein schneiden, Tomaten von den Stielen befreien und würfelig schneiden. In einem großen Topf Öl erhitzen, Zwiebeln goldgelb anrösten, Senfkörner dazugeben und anrösten bis es knistert. Mit Mehl stauben und mit Wein oder Suppe aufgießen, die Tomatenwürfel hineingeben. Salz, Pfeffer und Curry dazu, zudecken und dünsten lassen. Wenn alles etwas, aber noch nicht richtig weich ist, die Fischstücke einlegen und fertig dünsten. Dazu passt Brot.

TIPP *Der Saft schmeckt fein, wenn man am Ende noch ein wenig Kokosmilch zugießt.*

Ein sehr ähnliches Rezept für Würste aus Fischfleisch haben auch die Dominikanerinnen aus Bad Wörishofen in ihrem Traditionswerk „Die Klosterküche von Wörishofen" veröffentlicht. Die Schwestern waren lange Zeit die Seele des Kneipp-Kurbetriebs und berühmt für dieses Kochbuch, dessen Erstausgabe noch gemeinsam mit Pfarrer Kneipp entstanden ist. In der Haushaltsschule, die dem Kloster angeschlossen war, wurde nach diesem Standardwerk unterrichtet. Aus dem Kurbetrieb haben sich die Schwestern vor ein paar Jahren zurückgezogen und sind in Pension gegangen. Im Kloster selbst sorgt Schwester Thomasia für das leibliche Wohl aller. Sie führt eine Vollwertküche im Sinne Pfarrer Kneipps und hat selbst ein Kochbuch herausgegeben.

❖ Aus einem alten Kochbuch ❖

Paulaner Würste

Die Mönche des Paulanerordens in Wien haben im Barock für die Fastenzeit spezielle Würste aus dem Fleisch von Karpfen und Hechten bereitet. Die Fische hielten sie in ihren Fischteichen nicht weit vom Stadtzentrum, der Fischverkauf war ihr Lebensunterhalt. Auch die Fisch-Würste verkauften sie an die Wiener Bevölkerung, die sich freute, auch an Fasttagen „Würstl" essen zu dürfen.

1 Stück vom Karpfen und 1 Stück vom Hecht ohne Haut und Gräten salzen und pfeffern und in Butter andünsten. Dazu gib etwas Majoran, eine zerdrückte Knoblauchzehe und ein wenig abgeriebene Zitronenschale. Zwei altbackene Semmeln in Milch einweichen, auspressen und dazugeben. Alles gut durchrühren und vermixen oder faschieren. Mit ein wenig Mehl aus dieser Masse Würste formen und diese in Salzwasser sieden. Dann nimm sie heraus, lass sie abtropfen, wälze sie in Semmelbrösel und back sie in einer Pfanne mit Butter.

Fisch *in Backteig*

Eine Alternative zum panierten Fisch: die Fisch-Filets durch Backteig ziehen und im Fett herausbacken.

Teig: 150 g Mehl, 1 Ei, ⅛ l Milch, Salz. 750 g Fischfilets, Saft einer Zitrone, Salz, Fett zum Ausbacken, Zitrone zum Garnieren

Fische waschen, trocken tupfen und mit dem Zitronensaft beträufeln, stehen lassen.
In einer Rührschüssel Mehl, Eier, Milch und etwas Salz verrühren. Fett in einer Pfanne erhitzen, die Fischfilets salzen und durch den Backteig ziehen und sofort ins heiße Fett legen. Goldgelb backen, herausnehmen und mit Zitronenscheiben garnieren.
Dazu passt Erdäpfelsalat.

Karpfen *in Wurzelgemüse*

600 g Karpfenfilets, 1 Zitrone, 1 großes Wurzelwerk (2 Karotten, 1 gelbe Karotte, 1 Stück Lauch, 1 Stück von der Sellerieknolle), 1 Knoblauchzehe, etwas Salz, 2 Wacholderbeeren, einige Senfkörner, 1 Lorbeerblatt, etwas Thymian, 500 g Kartoffeln, Salz, ⅛ l Rotwein, 1 Krenwurzel

Karpfenfilets waschen und mit Zitronensaft beträufeln und ein wenig salzen. Wurzelgemüse putzen und in appetitliche, aber nicht zu kleine Stücke schneiden. Kartoffeln waschen, schälen und vierteln. Knoblauchzehe schälen und in Scheiben schneiden. In einem großen Topf Wasser zum Kochen bringen, Gemüse und Kartoffeln hineingeben, dazu die Gewürze, Salz und Rotwein. Wenn alles halb weich ist, kommen die Fischfilets dazu – sie brauchen etwa 15 Minuten. Alles sanft ziehen lassen. Vor dem Anrichten wird etwas Kren gerieben und über die Fische gestreut. Dazu passt Brot.

Karpfen *gebraten*

600 g Karpfenfilets, Salz, Pfeffer, Mehl, Öl oder Butterschmalz zum Herausbacken

Karpfenfilets waschen, trocken tupfen, salzen und pfeffern. Die Hautseite durch Mehl ziehen. Öl oder Butterschmalz in einer Pfanne erhitzen, den Fisch mit der bemehlten Seite in das Fett legen und goldgelb braten. In der Zwischenzeit das Backrohr vorwärmen. Die Fische mit der gebratenen Seite auf das Backblech legen und im Backrohr fertig braten. Dabei etwas vom Backfett darüberträufeln.
Zu den Karpfenfilets passen Kartoffeln und Schnittlauch-Sauerrahm. Aber auch buntes, im Geschmack kräftiges Gemüse.

Variation *Während die Filets im Backrohr sind, brät man in der Pfanne im Ausbackfett etwa 5 geschälte und in Scheiben geschnittene Knoblauchzehen gut an, staubt sie mit etwas Mehl, löscht mit Suppe ab und kocht die Soße gut ein. Salzen, pfeffern und einen Esslöffel Sauerrahm dazugeben.*

Eigentlich heißen sie „Schwäbische Maultaschen" und sind Teigtaschen, gefüllt mit einer Mischung aus Spinat und Wurstbrät oder auch Hackfleisch. Weshalb diese Taschen „Herrgotts B'scheißerle" genannt werden, rankt sich eine liebenswürdige Legende. Die Zisterziensermönche von Maulbronn sollen in einer Zeit großer Hungersnot ein schönes Stück Fleisch geschenkt bekommen haben, leider ausgerechnet in der Fastenzeit. Nach langem Überlegen haben sie das Fleisch so gut wie möglich zerkleinert, mit grünfärbigem Gemüse gemischt und all das in Nudeltaschen versteckt, auf dass diese fleischhältige Fastenspeise von allerhöchster Instanz nicht bemerkt würde. Teigtaschen eignen sich ja vorzüglich zum Verbergen von Inhalten. Das Volk, gewitzt wie immer, hat sich über diese „Fastenspeise" amüsiert und ihr den Namen gegeben, der bis heute lebendig ist.

❈ Gebet ❈

*Großer Gott,
gib uns ein hörendes Herz,
damit wir von deiner Schöpfung nicht
mehr nehmen, als wir geben,
damit wir nicht willkürlich zerstören,
nur um unserer Habgier willen,
damit wir uns nicht weigern,
ihre Schönheit mit unseren Händen
zu erneuern,
damit wir nichts von der Erde nehmen,
was wir nicht wirklich brauchen.*

Herrgotts B'scheißerle

Die Maultaschen werden in der Suppe gekocht und serviert, aber auch in heißer Butter geröstet und mit gebratenen Zwiebeln übergossen. Sie sind eng verwandt mit den italienischen Ravioli, den Kärntner Kasnudeln, den osteuropäischen Piroggen. Mit ihrem „mönchischen Hintergrund" aber sind sie einzigartig.

Für den Teig: 600 g Mehl, 2 Eier, 250 ml Wasser. **Für die Füllung:** 2 altbackene Semmeln, etwas Milch, 1 Zwiebel, Öl zum Anrösten, 250 g Bratwurstbrät, 250 g Hackfleisch, Salz, Pfeffer, Muskatnuss, 250 g Blattspinat (Tiefkühlpackung oder bereits angedünstet gewogen), 1–2 Eier, gehackte Petersilie, Semmelbrösel nach Bedarf

---

Auf einer Arbeitsfläche aus Mehl, Eiern und Wasser einen Teig kneten. Gesalzen wird der Teig nur, wenn er sofort weiterverarbeitet wird. Gut durcharbeiten, bis er glatt und elastisch ist. Ein paar Tropfen Öl können dabei hilfreich sein. Den Teig auf einen Teller legen, zudecken, etwas rasten lassen.

Für die Fülle die Semmeln in Scheiben schneiden und zum Einweichen mit Milch begießen. Zwiebel schälen und fein hacken. In einer Pfanne Öl erhitzen, Zwiebeln anrösten, gehackte Petersilie, Hackfleisch und auch das Wurstbrät dazu. Alles gut durchrösten, mit Salz, Pfeffer, Muskatnuss würzen, überkühlen lassen. Blattspinat ein paar Mal durchschneiden und mit den Semmeln untermischen, 1–2 Eier dazu und gut durcharbeiten. Es soll eine streichfähige Masse entstehen. Wenn sie zu nass ist, Semmelbrösel beifügen, das bindet.

Auf der bemehlten Arbeitsfläche den Nudelteig dünn ausrollen. Aus dem Teig Vierecke (etwa 10 x 10 cm) schneiden, einen gehäuften Esslöffel der Fülle daraufsetzen, den Teig darüberschlagen und am Rand gut zusammendrücken, dass sie nicht aufgehen.

Reichlich Wasser mit Salz zum Sieden bringen, die „B'scheißerle" hineinlegen und ca. 8 Minuten ziehen lassen. Wenn sie schön an die Oberfläche tanzen, geht es ihnen gut. Vorsichtig herausnehmen, abtropfen lassen. Entweder in der Suppe servieren oder aber in einer Pfanne mit heißer Butter schwenken.

Maria im Paradies – Die Schwestern von der Kinderalm

Ein junger französischer Orden hat sich hoch oben auf einer Alm in Salzburg niedergelassen, an einem schönen idyllischen Platz. Die „Schwestern von Bethlehem", so ihr richtiger Name, leben in der Tradition der Kartäuserinnen und der Eremiten. Stillschweigen, Beten, Meditieren bestimmen ihren Tagesablauf, ihre langen Gottesdienste erinnern an die Liturgie der Ostkirchen. Ein stilles, zurückgezogenes Leben ist das. Und doch ist das Kloster jung und lebendig: Junge Frauen haben im Kloster „Maria im Paradies" auf der Kinderalm ihr Zuhause gefunden, es sind bereits so viele Nonnen, dass es kaum noch Platz für Zuwachs gibt.

Interessant ist die Geschichte des Klosters: Die Kinderalm liegt im Land Salzburg, bei St. Veit im Pongau. Dort stand noch vor ein paar Jahrzehnten eine Lungenheilstätte für Kinder, die aber mit zunehmendem Wohlstand und den glücklicherweise rückläufigen Lungenkrankheiten – der Krankheit der Armen – nicht mehr gebraucht wurde. Es gab mehrere Vorschläge für eine neue Nutzung der Gebäude, einige davon gefielen dem Bischofsvikar Dr. Matthäus Appesbacher gar nicht, weshalb er sich aktiv in die Entscheidungsfindung eingebracht hat – eine glückliche Fügung. Die Ordensgründerin Sr. Marie kam selbst auf die Alm, ließ den Ort auf sich wirken, tastete sich meditativ durch die Landschaft – „wie ein Seismograph", erinnert sich der Bischofsvikar – und ging dann auf die Knie: „Hier ist der Ort", sagte sie auf Französisch. Dort wurde das Kloster erbaut.

Seit 1985 leben die Schwestern von Bethlehem auf der Kinderalm. Es war ein mühsamer, entbehrungsreicher Weg, bis ihr Haus fertig war. Die Schwestern mussten sich lange mit Provisorien behelfen.

Das Kloster besteht aus zwei Teilen, errichtet im Lebens- und Baustil der Kartäuser. Im unteren Teil ist Platz für Gäste und Pilger, die Stille und Einsamkeit des Klosters für Tage oder Wochen teilen wollen und die von den Schwestern versorgt werden. Im oberen Teil leben die Schwestern für sich, in völliger Abgeschiedenheit. Die Kirche – ein Holzbau – wird gern von den Menschen aus dem Ort besucht, die Energie tanken wollen. 30 Schwestern leben im Kloster, in 17 Zellen. Sie kochen ihr Essen selbst und wechseln sich dabei ab. Die Küche ist sehr bescheiden, die Mahlzeiten sollen Energie spenden und nicht beim Meditieren stören. „Wir brauchen die Kraft für das Gebet. Wir essen, was wir brauchen", sagen die Schwestern von der Kinderalm. „Früchte essen wir nur am Morgen, später trägt der Körper schwer daran." Wenn ein Festtag bevorsteht, halten sie am Tag davor einen Fasttag. Die Schwestern haben keinen Internet-Anschluss, aber Telefon. Wer anruft, kommt zum Tonband: zweimal die Woche sind Telefonstunden. Dann nehmen Sr. Gabrielle oder Sr. Brigitte Anrufe entgegen. Wer Quartier möchte, muss sich anmelden. Alles braucht Zeit. Rund ums Kloster weiden im Sommer Kühe, ein Bauer hat die Alm in Pacht. Die Schwestern bereiten Sirupe, die sie verkaufen, eine ihrer wenigen Einnahmequellen. „Kräutergold" heißen die Auszüge aus mancherlei Heilpflanzen. Die kleinen Gläschen sind praktisch in allen Klosterläden von Ost-Österreich bis Nord-Deutschland erhältlich. Wenn man das Etikett anschaut und den Herkunftsort „Kloster Maria im Paradies auf der Kinderalm" liest, hat man den Eindruck, dass auch ein Hauch von Freundlichkeit und Helligkeit für die kalte Welt mitverpackt wurde. Die Menschen aus der Umgebung von St. Veit im Pongau leben im Einklang mit den Nonnen am Berg. Es ist wohl ein großer Trost zu wissen, dass oben auf der Kinderalm, dem alten Heilungsplatz, die jungen Schwestern ihre Gebete zum Himmel schicken.

❖ **Kräutergold** ❖

ist ein Sirup aus Zucker und Kräutern. Er enthält die Heil- und Wirkstoffe von Pflanzen, kann in den Tee gerührt oder aufs Brot gestrichen oder einfach pur genossen werden. Die Schwestern bereiten Sirupe aus:
Anis-Fenchel, Fichtenwipfel, Holunder, Ingwer, Löwenzahn, Rosmarin, Thymian, Zimt-Nelken, Zitronenmelisse

❖ Aus einem alten Kochbuch ❖

Wenn Sie das einmal selbst ausprobieren wollen:

Fichtenwipfel-Sirup

Für ein Kilogramm Knospen (Wipferln) rechnet man 250 g Kandiszucker und 250 g Honig.

Die jungen Knospen der Fichten oder/und Tannen, die „Wipferln", an einem sonnigen Tag pflücken. Der beste Zeitpunkt ist, wenn die Bäume gerade austreiben. In einen breiten Topf geben, mit Wasser bedecken und zum sanften Kochen bringen, langsam und unter ständigem Umrühren köcheln, bis ein dicker Brei entsteht. Honig und Kandis-zucker beifügen und gut verrühren, bis der Zucker aufgelöst ist. Weiterrühren, bis die Masse zähflüssig wie Sirup wird. Diesen in Gläser füllen, gut verschließen und kühl und trocken aufbewahren. Schimmelbildung kann man vorbeugen, indem man vor dem Verschließen der Gläser einen Löffel hochprozentigen Alkohol über den Sirup gießt und mit einem Streichholz entflammt, das sterilisiert.

Der Fichtenwipfel-Sirup kann wie Honig verwendet werden. Im Winter hilft er bei Husten und er kann auch auf Hautunreinheiten oder kleine Wunden (z. B. im Fingernagelbett) gestrichen werden.

Festtagsspeisen

Festtagsspeisen

Festtagsspeisen sind fast immer Fleischspeisen. Ein guter Braten, ein saftiges Fleischstück, ein gebackenes Schnitzel – sie sind auch an der Klostertafel etwas Besonderes. Vielleicht gerade durch die langen Phasen der Fastenzeit wissen die Klosterbrüder und -schwestern ein gutes Stück Fleisch zu schätzen. Von Völlerei und Opulenz, wie man sie aus den alten Geschichtsbüchern kennt, ist in den Klöstern nichts mehr zu finden. Auch an Festtagen wird sehr bewusst genossen. Ein üppiges Mahl kommt nicht auf den Tisch, wohl aber ein schönes, sonntägliches Mittagessen. Was immer „das Haus" bietet, bekommt Vorrang. Und da noch heute viele Klöster Wälder oder zumindest „ein Stück Wald" besitzen, das auch bejagt wird, zählt Wild zu den beliebtesten Festtagsgerichten: aus dem Fleisch von Reh oder Hirsch werden köstliche Speisen bereitet. Da das Fleisch dieser Tiere wirklich frisch in die Küche kommt, schmeckt das Gericht noch einmal so gut. Auch Lamm oder Schaf werden oft an Feiertagen gebraten – Fleisch aus klostereigenen Betrieben. In vielen Klöstern sind Schafe als „natürliche Rasenmäher" auf den Wiesen im Einsatz. So nennt sie Herr Leopold, Augustiner-Chorherr aus dem Stift Herzogenburg, mit Augenzwinkern. Manchmal gibt es aber auch gerade deshalb, weil so oft Lamm auf den Tisch kommt, an Feiertagen ein Gericht aus Kalbfleisch oder Huhn. Im Stift Geras wird bisweilen ein besonderes Stück Rindfleisch zubereitet – es stammt vom Auerochsen, der im Naturpark lebt.

> ❋ *Hildegard von Bingen* ❋
>
> *„Tue deinem Leib Gutes, damit die Seele Lust hat, darin zu wohnen."*

Wenn dort von Zeit zu Zeit die Herde dezimiert werden muss, brät auch die Stiftsköchin ein Stück vom Ochsen. Den hochwürdigen Herren vom Wiener Schottenstift wiederum bereitet der Koch ein Stück vom Schottischen Hochlandrind. Diese Tiere werden im landwirtschaftlichen Betrieb des Klosters am Rande von Wien gezüchtet, das Fleisch wird verkauft.

Die Rezepte der Feiertagsspeisen sind im Grunde einfach und dennoch köstlich. Es hat sich auch unter Gourmet-Päpsten (was für eine Bezeichnung!) schon herumgesprochen: Die aufwändigsten Rezepte verblassen, wenn die Zutaten nicht von feinster Qualität sind. Fleisch, das aus einer „Mastanstalt" – einer „Tierfabrik" kommt, kann nie dem geschmacklichen Vergleich mit gutem, biologisch gewachsenem Fleisch standhalten. Wer sich ein gutes, wenngleich etwas teureres Stück Fleisch gönnt, kann sich auch den Luxus leisten, es schlicht zuzubereiten. All das ist auch eine Übung für den Gaumen, denn, wie sagt Schwester Michaela von den Marienschwestern: „Wir müssen lernen, wieder zu schmecken. Bewusstes Kochen, bewusstes Essen hilft dabei."

Außerdem stehen am Festtagsspeiseplan auch noch ganz persönliche Schmankerln, die sich die Mönche oder Schwestern einfach wünschen, weil sie sie gerne essen. So wie die beiden folgenden Speisen aus dem Stift Heiligenkreuz im Wienerwald.

Persönliche Schmankerln

Paprikaschaumsuppe
mit gebratenen Fischstreifen

Die Stiftsköchin von Heiligenkreuz kocht Paprikaschaumsuppe gerne an Festtagen. „Unser Abt liebt diese Suppe."

120 g Fischfilet (z. B. Zander), Mehl zum Bestauben, etwas Butter, etwas Salz, 1 Zwiebel oder 2 Schalotten, 2 Paprika (beide entweder gelb oder rot), etwas Salz, etwas Pfeffer, 2 Esslöffel Mehl, 125 ml Weißwein, 750 ml Gemüsesuppe oder Wasser, ½ Becher Sauerrahm. Gut passen frische Kräuter wie Estragon, Salbei, Petersilie

---

Den Fisch waschen, trocken tupfen, in nicht zu schmale Streifen schneiden und ein wenig mit Mehl bestauben. In einer Pfanne Butter heiß werden lassen, den Fisch anbraten – das geht sehr schnell –, leicht salzen, herausnehmen und beiseite stellen.
Zwiebel (Schalotten) putzen und fein hacken, Paprika waschen, entkernen und in Würfel schneiden. In einer Pfanne Butter erhitzen, Zwiebel und Paprikawürfel andünsten, aber nicht knusprig braten. Mit Mehl stauben, gut durchrühren, Weißwein darübergießen („löschen") und sanft köcheln lassen. Der Saft soll sich „reduzieren", also einkochen. Nun mit der Gemüsebrühe (Wasser) aufkochen, etwas salzen und pfeffern und zumindest 15 Minuten sanft köcheln lassen. Vom Herd nehmen, etwas überkühlen lassen und im Mixer pürieren. Zuletzt Sauerrahm unterrühren.
Die Suppe wird in Tellern angerichtet, die gebratenen Fischstreifen kommen obenauf.
Die Kräuter werden entweder fein gehackt und darübergestreut oder können auch auf den Tellerrand als Garnierung gelegt werden.

Saltimbocca Romana

Der Name der Speise kommt aus dem römischen Dialekt. Salt' in bocca! heißt so viel wie Mit einem Sprung („Salto") in den Mund! Ein typisch italienisches Gericht aus Kalbfleisch und Schinken, das im Stift Heiligenkreuz an Festtagen bereitet wird.
In diesem Kloster im Wienerwald wird oft und gern italienisch gekocht, weil Pater Markus, der im Stift gelebt hat, aus Italien stammt und seine heimatlichen Speisen vermisst hat. Er hat den Köchinnen immer wieder Tipps gegeben und Lust auf Neues gemacht. „Wie man Saltimbocca macht, hat uns der Pater Markus gezeigt", sagt die Stiftsköchin.

8 kleine, dünne Kalbsschnitzel (eines hat etwa 80 g), 1 Eidotter, 1 Esslöffel geriebener Parmesan, 8 Scheiben Rohschinken, zumindest 8 Blätter frischer Salbei, etwas Mehl, feines Öl zum Braten, 125 ml Weißwein, 125 ml Suppe oder Wasser, Salz, Pfeffer, 1 Esslöffel Mehl, 1 nussgroßes Stück Butter, Zahnstocher zum Fixieren

---

Die Kalbsschnitzel ein wenig flachklopfen (vorsichtig vorgehen, das Fleisch ist zart), ein wenig salzen und pfeffern. Eidotter in einer Tasse verrühren, Parmesan dazugeben. Jedes Schnitzel mit einer Scheibe Schinken und einem Salbeiblatt belegen. Das Schnitzerl zusammenklappen, mit einem Zahnstocher fixieren und in Mehl wenden. Öl in einer Pfanne erhitzen, die Schnitzel auf beiden Seiten sanft braten. Danach herausnehmen und warm halten.
In der Pfanne wird nun der Saft bereitet: Mehl einrühren, mit Wein aufgießen, eventuell etwas Wasser zugeben und ein paar Minuten sanft köcheln lassen. Nun wird das Stückchen (kalte) Butter eingerührt. Die Schnitzel werden angerichtet und mit der Soße übergossen und serviert.

TIPP *Dazu passen Reis, Polenta oder Gnocchi (siehe Rezept Seite 55). Saltimbocca wird auch gerne auf Spaghetti serviert.*

Maria Saal »

Am 25. April wird das Fest des Evangelisten Markus gefeiert – in Venedig ist das ein ganz besonderer Tag, weil der heilige Markus der Patron der Stadt ist. Nach alter Tradition kommt dann Risi e pisi („Reis und Erbsen") auf den Festtagstisch, ein Risotto mit grünen Erbsen, das in Österreich und Süddeutschland auch als Risipisi bekannt ist. Vielleicht ist es auch deshalb Festtagsgericht, weil in Italien zu dieser Zeit die ersten grünen Erbsen des Jahres geerntet werden können.

Risipisi
(Risotto mit grünen Erbsen)

2 Schalotten oder 1 mittlere Zwiebel, 150 g durchzogener Speck (kann man auch weglassen), 1 Bund Petersilie, 400 g Rundkornreis, ⅛ l Weißwein, 800 ml Wasser (oder Suppe), Pfeffer, Salz, ca. 200 g frisch ausgelöste grüne Erbsen oder auch ganz junge Erbsenschoten (im Winter: 1 Tiefkühlpackung), etwas Butter, 1 Stück Parmesan zum Bestreuen

Schalotten schälen und fein hacken, Speck würfelig schneiden, Petersilie fein hacken. In einem Kochtopf etwas Butter zerlaufen lassen, Speck und Zwiebeln anschwitzen, Petersilie und Reis dazugeben und durchschwitzen. Mit Wein ablöschen, mit der Hälfte des Wassers (der Suppe) aufgießen und aufkochen lassen. Pfeffer und tiefgekühlte Erbsen dazugeben (frische erst etwas später, sonst werden sie zu weich). Nach und nach das restliche Wasser zugeben, bis der Reis weich gekocht ist, dann erst salzen.
Vor dem Servieren ein nussgroßes Stück Butter in den Reis geben und alles mit Parmesan bestreuen.

TIPP *Im Speiseplan meiner Kindheit hatte Risipisi einen festen Platz, allerdings war das ein sogenanntes „Reste-Essen" und wurde aus gekochtem Reis und klein geschnittenem Rindfleisch und Erbsen bereitet. Risipisi ist eine eigene Speise, wird aber auch gerne als Beilage gereicht. Dann lässt man aber meist den Speck weg.*

Schnitzel *gefüllt mit Mozzarella und Blattspinat*

Eine Speise aus dem Stift Herzogenburg.
500 g frischer Blattspinat (oder aus der Tiefkühlpackung), etwas Butter, Salz, Pfeffer, 2 Knoblauchzehen, 1 Packung Mozzarella, 4 Schnitzel von Schwein oder Pute, Muskatnuss. Zum Panieren: Mehl, Ei, Milch, Semmelbrösel, Fett zum Ausbacken, Zahnstocher zum Befestigen

Blattspinat waschen, Butter in einer Pfanne zerlaufen lassen, Blattspinat hineingeben, zusammenfallen lassen, pfeffern und salzen. Knoblauchzehen dazupressen und Muskatnuss hineingeben. Abkühlen lassen und dann in ein Sieb geben, damit alles gut abtropft.
Mozzarella in Würfel schneiden, zum Spinat geben. Die Schnitzel sanft klopfen, salzen und pfeffern. Auf einer Seite mit der Spinatfüllung belegen, zusammenklappen und mit zwei Zahnstochern befestigen. So werden sie dann paniert: mit Mehl bestaubt, durch eine Mischung aus zerschlagenem Ei und Milch gezogen und zuletzt mit Semmelbröseln bedeckt.
In einer Pfanne in Fett – am besten ist in Butterschmalz, sagt die Köchin – herausbacken.
Dazu passen Reis oder Kartoffeln. Wenn Sie auch noch Tomatensalat servieren, ergibt das eine schöne bunte Speise und das ist – nach Traditioneller Chinesischer Ernährungslehre – perfekt.

Schafe sind anspruchslos, sie brauchen in erster Linie reichlich Auslauf und üppiges Wiesengrün. Auch zählen sie zu den wenigen Tieren, die nicht gemästet werden. Sie wachsen ohne Zugabe von Hormonen und Antibiotika auf – ihr Fleisch ist also wirklich „biologisch" und deshalb sehr gesund. „Es ist nicht egal, was wir essen", sagt Schwester Kornelia aus dem schwäbischen Kloster Habsthal. „Wenn wir unsere Umwelt achten, ehren wir die Schöpfung."

An Feiertagen kommt oft Lammfleisch auf den Tisch, in manchen Klöstern auch Schaffleisch. Lamm heißt ein Tier, das beim Schlachten nicht älter als ein Jahr ist, danach gilt es als „Schaf". Lammfleisch ist zart, rosig und weiß. Schaffleisch hingegen ist dunkler, das Fett ist nicht mehr so schneeweiß, sondern eher gelblich. Das Fett sollte beim Kochen und Braten nicht weggeschnitten werden, es macht den Braten saftiger. Wenn man es nicht essen möchte, sollte man es erst am Teller wegschneiden. Das Fett ist auch der Grund, warum Lamm- und Schaffleisch sehr heiß serviert werden sollen. Wenn das Fett einmal kalt wird, schmeckt es nicht mehr so köstlich.

Im Kloster Habsthal kommt an Feiertagen Schaffleisch auf den Tisch. Die Schafe leben draußen auf den Wiesen rund ums Kloster. Schwester Kornelia erzählt, dass die Nonnen diese Speise sehr gerne essen: „Das ist dann wirklich ein Fest!" Bei Lamm rechnet man pro Person 2–3 Koteletts, beim Schaf hängt das von der Größe ab.

Schafkoteletts
mit Rosmarinkartoffeln

750 g Kartoffeln, einige Zweige frischer Rosmarin, 8 Koteletts vom Schaf, Salz, Pfeffer, Knoblauchzehen, Butter oder Öl für die Pfanne. Eventuell dazu Kräuterbutter servieren: ein kleines Päckchen (⅛ l) Butter, einige Löffel fein gehackte Kräuter (z. B. Petersilie, Kresse, Dille, Zitronenmelisse, Basilikum oder Estragon), Salz und Pfeffer

---

Für die Rosmarinkartoffeln: Kartoffeln kochen, schälen, halbieren oder vierteln (je nach Größe). Rosmarinnadeln werden vom Zweig genommen und in einer Pfanne in etwas Butter oder Öl zart angebraten. Ob man die Nadeln dazu fein hackt oder ganz lässt, ist eine Geschmacksfrage. Wer Rosmarin liebt, wird sich über die ganzen Nadeln freuen – sie schmecken gut. Wenn sie ein wenig angebraten sind, die gekochten Kartoffeln dazugeben, gut durchmischen, aber nicht braten und warm stellen.

Für die Kräuterbutter: In einer Schüssel Butter verrühren, fein gehackte Kräuter, etwas Pfeffer und Salz dazugeben und alles gut vermischen. In eine nette Form bringen (z. B. in der Butterdose oder aber man sticht mit einem Eiskugelbereiter Kugeln aus), dann in den Kühlschrank stellen.

Nun werden die Koteletts gesalzen, gepfeffert und mit zerdrücktem Knoblauch mariniert. Dann mit Öl einreiben und entweder in der Pfanne braten oder auf den vorgeheizten Grill legen. (Im Backofen: Oberhitze)

Wenn sie fertig sind, kommt auf jedes Fleisch ein Stück kalte Kräuterbutter, dazu die Kartoffeln.

Gebackenes vom Lamm *Koteletts kann man auch panieren und herausbacken. Für die Panier: Mehl, Eier, Semmelbrösel, Salz, Pfeffer, Fett zum Ausbacken. Fleisch salzen und pfeffern, zuerst mit Mehl bestauben, dann durch die versprudelten Eier ziehen und in den Semmelbröseln wälzen. Paniert kommen sie sofort in eine Pfanne mit heißem Fett und werden goldbraun herausgebacken. Vorsicht! Ein gebackenes Lammfleisch braucht länger als ein Schnitzel. Daher das Backrohr vorheizen und die fertigen Stücke bis zum Servieren warm halten.*

In Weltenburg – zwischen Bayrischem Wald und Fränkischer Alb – liegt das älteste Kloster Bayerns. Die Benediktiner-Abtei steht auf einem alten, mystischen Platz an der Donau, der schon den Kelten und Römern heilig war. Ab 610 siedelten sich hier christliche Mönche an, um von Weltenburg aus das Herzogtum Bayern zu missionieren. Die Klosterkirche ist eines der Prunkstücke des Barock, die Klosterbrauerei ist die älteste der Welt und eine Attraktion. In der Klosterschenke werden „Klösterliche Leibspeisen" angeboten, darunter auch Klosterwurst und Klosterkäse, aber: „diese Rezepte brauchen Sie nicht", sagt die Köchin. „Das kann man nicht nachkochen, diesen Käse gibt's nur in Weltenburg." Aber was sie aus dem berühmten „Altmühltaler Weidelamm" zaubert, verrät sie schon.

Weltenburger Lammhaxerln

250 g Röstgemüse (z. B. Zwiebel, Karotten, Lauch, Sellerie), Fett zum Anrösten, 4 Lammhaxen, 100 g Tomatenmark, ½ l Rotwein, 1 l brauner Fond. Gewürzt wird mit Rosmarin, Thymian, Salz, Pfeffer, Zucker, Muskat, Lorbeer, Wacholder, Knoblauch

Das Gemüse putzen und in Streifen schneiden. In einem Topf Fett erhitzen und die Lammhaxerln rundum anbraten. Herausholen und im Bratfett das fein geschnittene Röstgemüse anschwitzen. Tomatenmark dazugeben und alles mit der Hälfte des Rotweins ablöschen. Dann langsam schmoren, bis die Flüssigkeit reduziert ist, und den restlichen Rotwein zugießen. Braunen Fond zugießen, Topf mit dem Deckel verschließen und etwa 90 Minuten schmoren lassen.
Während der letzten 30 Minuten Gewürze und Kräuter zugeben. Die Haxerln herausholen und warm stellen. Die Soße durch ein feines Sieb passieren.
Ist die Soße etwas zu dünn, etwas binden – 1 Esslöffel Butter in einer Pfanne zerlaufen lassen und 1 Esslöffel Mehl dazurühren, gut durchrühren, langsam von der Soße zugeben und glatt rühren.
Dazu passen Rosmarinkartoffeln (siehe Seite 107).

Auch im Stift Heiligenkreuz bei Wien wird an Festtagen Lamm serviert. Die Stiftsköchin bereitet gerne

Lammbraten
mit Kräutern und Gemüse

Für den Braten eignet sich der ausgelöste Lammrücken, auch Brust, Schulter oder Keule (Schlegel).
Bei diesem Rezept wird Lammkarree (ohne Rückgrat) gebraten. Beim Lamm muss man stets darauf achten, dass die Hautteile abgezogen werden. Lassen Sie sich das Lamm vom Fleischer vorbereiten.

1 Zwiebel, 2 Knoblauchzehen, 400 g Gemüse nach Jahreszeit (z. B. Karotten, Erbsen, Kohlrabi, Sellerieknolle, Butter zum Andünsten, im Winter passt auch Tiefkühlgemüse – achten Sie auf die Farben, es soll schön bunt sein), ca. 1 kg Lammkarree, Öl für die Pfanne, ca. 3 Esslöffel fein gehackte Kräuter (v. a. Petersilie, dazu Kräuter, die vorhanden sind – Salbei, Rosmarin, Thymian, Basilikum), Salz, Pfeffer, Butter zum Anbraten, etwas Rotwein zum Aufgießen

Für das Gemüse: Zwiebel schälen und klein schneiden, Knoblauchzehen schälen und fein hacken, Gemüse putzen, schälen, in appetitliche Stücke schneiden. In einer Pfanne Butter zerlaufen lassen, Zwiebel und Knoblauch anschwitzen, das restliche Gemüse dazugeben, ein wenig Salz und Pfeffer darüberstreuen und alles dünsten. Es soll bissfest, also nicht zu weich sein.
Für das Fleisch: Das Fleisch pfeffern, salzen. In einer Pfanne Butter erhitzen, das Fleisch darin kräftig anbraten. Kurz aus der Pfanne nehmen, mit Kräutern bestreichen. In das vorgeheizte Backrohr schieben, mit Rotwein aufgießen und fertig braten.
Bevor das Karree fertig ist, das Fleisch mit dem Gemüse umkränzen und noch einmal kurz ins Backrohr schieben. Heiß servieren. Dazu passen Salzkartoffeln oder Polentalaibchen.

„Wenn ich die Schnitzel so herausbacke", sagt Frau Elisabeth, „brauche ich für alle Schnitzel bestenfalls ein Achtelliter vom Öl. So billig komme ich beim Frittieren nie weg. Ich backe übrigens alle panierten Speisen so."
Diese ungewöhnliche Art, ein Schnitzel zu backen, ist keineswegs eine moderne Erfindung. Meine Großmutter hat vor 60 Jahren am Bauernhof nahe der tschechischen Grenze auch auf diese Weise ihre Schnitzel zubereitet. Die Methode des Herausbackens, so erzählt meine Mutter, hätte viel zu viel Zeit in Anspruch genommen, es gab ja eine Menge Menschen zu verköstigen. Aber damals hat sie nicht fettsparend gearbeitet und das Fleisch bepinselt, sondern in einer Pfanne Schmalz zerlaufen lassen und dann die panierten Schnitzel hineingegeben und – ab ins Backrohr geschoben. Herrlich knusprig soll das schmecken.

Schnitzel auf Wiener Art
einmal ganz anders

Frau Elisabeth, die im Stift Geras kocht, ist nicht nur Vollwertköchin, sondern achtet auch darauf, dass die Ordensherren fettarm essen. Auf ein gebackenes Schnitzerl freuen sich trotzdem alle. Aber „ich backe die Schnitzel nicht in Fett heraus, ich frittiere auch nichts", sagt die Köchin. Trotzdem serviert sie „Schnitzel auf Wiener Art", und das geht so:

Die Schnitzel (vom Schwein oder, was die Köchin lieber verwendet, von der Pute) werden ganz sacht geklopft, etwas gesalzen, gepfeffert und anschließend „ganz normal" paniert. Also: in Vollkornmehl gewendet, durch zerschlagenes Ei, das mit einem Löffel Milch gestreckt wurde, gezogen und anschließend mit Vollkornbröseln bedeckt.
Nun aber heizt die Köchin das Backrohr vor, richtet eine große Pfanne oder das Backblech. Die Schnitzel bestreicht sie von beiden Seiten mit gutem Öl. (Im Waldviertel ist der Raps zuhause, daher verwendet sie Rapsöl.) Dann legt sie die Schnitzel auf das Backblech (oder in die Pfanne). Von Zeit zu Zeit nachsehen, ein bisschen rütteln oder bewegen und einmal umdrehen.

Das Stift Klosterneuburg liegt ganz nah bei Wien. Es ist seit 900 Jahren Ordenssitz, die Augustiner-Chorherren leben dort in engem Kontakt mit Stadt und Bevölkerung. Besucher bestaunen die imposante barocke Anlage und auch den wunderbaren Blick aufs Donautal. Zum Stift gehört ein großer wirtschaftlicher Betrieb, der genau denselben wirtschaftlichen Vorgaben unterliegt wie ein weltlicher. Und dennoch versuchen die Augustiner-Chorherren die Achtung vor der Schöpfung durch Rücksichtnahme auf die Natur in Landwirtschaft und Weinbau zu leben.

Im Stift Klosterneuburg kommt an Feiertagen auch Huhn auf den Tisch, hier mit Safran gewürzt. Das Stift Klosterneuburg hat Hühner in seinen Weingärten, sie sind dort als Bio-Unkrautentferner tätig und können daher nicht gegessen werden. Also muss der Koch die Hühner für seine Festspeise anderswo beziehen. Dieses Rezept kann aus allen Teilen des Huhns bereitet werden. Safran-Hühnerfilet ist noch feiner, allerdings auch etwas teurer. Die Zubereitung ist schnell und unkompliziert. Sparen Sie nicht beim Einkauf, leisten Sie sich Teile vom Freilandhuhn – es schmeckt unvergleichlich köstlicher!

Safran-Hühnerkeule
(„Hendlhaxerl mit Safran")

4 Hühnerkeulen (oder Hühnerbrüste, Hühnerschnitzel), Salz, Pfeffer, Saft von 2 Zitronen oder Limetten zum Marinieren, 1 Sackerl Safran

Die Hühnerkeulen waschen und trocken tupfen. In einer Schüssel Zitronensaft und Safranfäden vermischen. Die Hühnerkeulen damit gut bepinseln und in eine Schüssel legen, mit dem restlichen Saft begießen, zudecken und eine Stunde so mariniert stehen lassen. Danach kommen die Hühnerkeulen entweder auf den Griller oder auf den Holzofengriller im Freien. Oder aber sie werden in eine mit Öl ausgestrichene Pfanne gelegt und im Backrohr gegart.
Wenn Sie Hühnerbrüste oder -schnitzel verwenden, müssen Sie darauf achten, dass die Speise nicht zu trocken wird, denn das sind die fettärmeren Teile. Daher zwischendurch öfter mit Öl bepinseln.

TIPP *Die fertigen Hühnerkeulen werden in Klosterneuburg mit Kräuternockerln serviert, dazu gibt es zartes Zucchinigemüse.*

Hirschragout

750 g Hirschschulter, 1 Lorbeerblatt, Senfkörner, Wacholderbeeren, ein paar Pfefferkörner, 1 Zwiebel, 2 Knoblauchzehen, 1 großes Wurzelwerk (ca. 300 g: Karotte, gelbe Rübe, Petersilienwurzel, Lauch, Sellerie), etwas Öl, Salz, etwas Thymian und Petersilie, 1 nussgroßes Stück Butter, 1 Esslöffel Mehl, ¼ l Rotwein, ⅛ l Sauerrahm, 2 Esslöffel Preiselbeerkompott (oder 1 Esslöffel Hagebuttenmus oder anderes Kompott mit Früchten)

Das Fleisch wird zuerst mit den Gewürzen gekocht, dann geschnitten.
Einen großen Topf mit Wasser füllen, Salz, Gewürzkörner, Lorbeerblatt zum Kochen bringen, dann das Fleisch dazulegen und halbweich kochen. Fleisch herausnehmen, überkühlen lassen und in nicht zu grobe Würfel schneiden. Vom Kochsud zumindest die Hälfte abseihen und aufheben.
Zwiebel schälen und in Ringe schneiden, Knoblauch in dünne Scheiben, Gemüse putzen und fein reiben. In einer Pfanne Öl erhitzen, Zwiebel, Knoblauch und das Wurzelgemüse anrösten, gehackte Petersilie und Thymian und das gewürfelte Fleisch dazu, alles durchrösten, mit etwas Kochsud aufgießen, ins vorgeheizte Backrohr geben und weich braten.
In der Zwischenzeit in einer Pfanne ein nussgroßes Stück Butter zerlaufen lassen, mit Mehl stauben, gut durchschwitzen, mit Rotwein aufgießen und sanft durchköcheln lassen. Preiselbeerkompott (Hagebuttenmus) einrühren und zuletzt den Sauerrahm beigeben. Dieser Saft wird zuletzt mit dem Bratensaft vermischt. Abschmecken.

TIPP *Zum Hirschragout passen Polenta, Nockerln, Serviettenknödel oder Kroketten.*

Rehragout

wird zubereitet wie Hirschragout. Nur wird das Rehfleisch (aus Brust und Hals) vorher angeröstet.

750 g ausgelöstes Rehfleisch von Schulter oder Brust, Öl zum Anrösten, Salz, Pfeffer, 2 Karotten, 1 gelbe Karotte, 1 Stück von der Sellerieknolle, 1 Zwiebel, 2 Esslöffel Mehl, 1 Lorbeerblatt, etwas Thymian und Rosmarin, Saft von ½ Orange, 2 Esslöffel Preiselbeermarmelade (oder Hagebuttenmus oder Kompott mit Früchten), ⅛ l Rotwein, ⅛ l Sauerrahm

Das Fleisch würfelig schneiden, salzen und pfeffern. Öl in einer Pfanne erhitzen und das Rehfleisch rundum anbraten. Fleisch herausnehmen. Zwiebel in Ringe schneiden, Wurzelgemüse putzen und in Streifen schneiden. In derselben Pfanne Zwiebelringe und Wurzelstreifen anrösten, mit Mehl stauben, durchschwitzen und mit Rotwein aufgießen. Gewürze dazugeben, ½ l Wasser zugießen, das Fleisch zugeben und alles weich dünsten lassen. Das Lorbeerblatt und auch das Fleisch herausholen. Preiselbeerkompott dem Saft beimengen, passieren, Sauerrahm einrühren und abschmecken. Der Saft soll pikant sein und doch eine leichte Süße haben. Das Fleisch hineinlegen und nachziehen lassen.
Zum Rehragout passen Polenta, Kroketten, Serviettenknödel.

❈ *Gebet* ❈

Schenke mir eine gute Verdauung, Herr, und auch etwas zum Verdauen.

Schenke mir die Gesundheit meines Leibes mit dem nötigen Sinn dafür, ihn möglichst gut zu erhalten ...

Thomas Morus (1478–1535), englischer Humanist und Staatsmann

Rehschlegel *in Wurzelgemüse mit Polentalaibchen*

150 g Selchspeck, 1 Rehschlegel, ausgelöst, Salz, Pfeffer, 1 mittlere Zwiebel, etwas Thymian und Rosmarin (frisch oder getrocknet), Butter zum Anbraten, (Rinds-)Suppe zum Aufgießen, 1 großes Wurzelwerk (2 Karotten, 1 gelbe Karotte, 1 Stange Lauch, 1 Stück von der Sellerieknolle, 1 Petersilienwurzel), 1 Zwiebel, Öl zum Anbraten, 2–3 Esslöffel gehackte Petersilie, 30 g Mehl, Salz, Pfeffer, ½ Becher (125 ml) Sauerrahm, etwa 125 ml Gemüsebrühe, 125 ml Wasser, 125 ml Rotwein, etwas Senf, 1 Esslöffel Preiselbeermarmelade oder Hagebuttenmus

---

Lassen Sie den Rehschlegel vom Fleischer auslösen. Vielleicht zieht er auch gleich die Häute ab.

Selchspeck in Streifen schneiden, das Fleisch wird damit gespickt. Das macht man am besten mit einer Spicknadel oder Sie verwenden einen „Hausfrauentrick": Den Speck eine halbe Stunde lang ins Tiefkühlfach legen, dann lässt er sich besser verarbeiten und man kann ihn direkt ins Fleisch „hineintreiben". Wer damit gar nicht zurecht kommt, kann das Fleisch mit Öl einreiben und mit Speckstreifen belegen.

Zwiebel schälen und in Ringe schneiden, das Wurzelgemüse putzen und fein schneiden (würfelig oder in Streifen).

Der Rehschlegel, ausgelöst und gehäutet, wird also dicht mit den Speckstreifen angereichert, damit das Fleisch nicht zu trocken wird. Rundum mit Salz, Pfeffer, Thymian und Rosmarin einreiben. In einer Pfanne eine gute Portion Butter heiß werden lassen, den Rehschlegel hineingeben und das Fleisch kurz von allen Seiten gut anbraten, dann herausnehmen und beiseite stellen.

In derselben Pfanne das Gemüse gut durchrösten, mit Mehl stauben, mit Wasser und Suppe ablöschen, würzen. Nun kommt das Fleisch dazu und alles wird gemeinsam im Backrohr bei reduzierter Hitze weich gedünstet.

Von Zeit zu Zeit mit dem Saft übergießen, wenn nötig, noch Flüssigkeit zugeben. Gegen Ende der Garzeit mit dem Rotwein übergießen. Ist der Braten weich, kommt das Fleisch noch einmal heraus und der Saft wird im Mixer püriert. Abschmecken – der Geschmack kann mit einem Teelöffel Senf und mit einem Esslöffel Preiselbeermarmelade (oder Hagebuttenmus) verbessert werden. Zum Anrichten wird das Fleisch in Scheiben geschnitten und mit dem Saft übergossen.

Dazu serviert der Koch Polentaschnitten (siehe Rezept Seite 145).

„Das Fleisch vom Reh", sagt Herr Werner, Koch im Stift Klosterneuburg, „ist für mich das feinste Wildfleisch. Ich brate es an Sonntagen. Wildschwein mag ich selbst nicht – das will ich den Herren auch nicht zumuten." An ganz hohen Festtagen bereitet Herr Werner Rehmedaillons oder Rehfilets. Das Rehfleisch muss stets sorgfältig von den Häuten befreit und oft gespickt oder mit Öl bestrichen werden, denn es ist ein mageres Fleisch. Das Fleisch vom Wild ist auf jeden Fall „voll biologisch", die Tiere haben in Freiheit gelebt und sich gesund ernährt und das schmeckt man.

❖ **Aus einem alten Kochbuch** ❖

Rehfilets braten

Filets aus dem Rücken schneiden, klopfen, salzen, pfeffern, rasch abbraten. Mit etwas Suppe aufgießen, ein gutes Safterl bereiten und die Filets damit übergießen. Preiselbeeren oder Weichseln dazu. Mahlzeit!

Rehmedaillons

Rehmedaillons werden aus dem Rehrücken geschnitten. Beim ersten Mal lassen Sie sich das Reh vom Fleischer vorbereiten.

Ca. 500 g Rehrücken ohne Knochen, in Scheiben geschnitten („Medaillons"), Salz, Pfeffer, Rosmarin oder Thymian (frische Zweiglein, ansonsten trockenes Gewürz), 500 g Pilze (z. B. Steinpilze, Eierschwammerl), 1 Zwiebel, Butter für die Pfanne, 2 Esslöffel gehackte Petersilie, 1 Esslöffel Mehl, 1/8 l Suppe, 1/2 Becher Sauerrahm, Preiselbeermarmelade zum Garnieren

Die Medaillons mit Salz, Pfeffer, Thymian oder Rosmarin einreiben. Zwiebel fein schneiden, Pilze putzen und blättrig schneiden. Zwiebel in der Pfanne mit heißer Butter andünsten (etwas Butter zugeben), Pilze dazugeben, durchdünsten, salzen, pfeffern, Petersilie zugeben, durchrühren. Mit Mehl stauben, mit etwas Suppe ablöschen. Sauerrahm einrühren und alles auf kleinster Flamme ein paar Minuten einkochen lassen.
In einer Pfanne Butter erhitzen, die Medaillons rasch anbraten (das geht sehr schnell, das Fleisch ist zart), sie sollten innen noch rosig sein.
Die Medaillons werden mit der Pilzsoße angerichtet.
Dazu passen Serviettenknödel, Nockerln oder Polenta.

In Geras im niederösterreichischen Waldviertel, nahe der tschechischen Grenze, leben im Naturpark Auerochsen. Von Zeit zu Zeit muss die Herde dezimiert werden, dann bereitet die Stiftsköchin einen guten Braten. „Es ist einfach ein ganz hochwertiges Rindfleisch", sagt Frau Elisabeth. „Ich bereite es auf Wild-Art. Dazu mache ich ein ganz feines Safterl auf Natur-Basis, ohne Mehl."
Aus dem Fleisch macht sie Gulasch, feinen Lungenbraten oder eben den „Rinderbraten mit Wurzelgemüse".

Rinderbraten *mit Wurzelgemüse (vom Auerochsen)*

1 kg Rindfleisch für Braten (Rose oder Schale), Salz, Pfeffer, Öl zum Anbraten, etwas Suppe, 1 großes Wurzelwerk (2 Karotten, 1 gelbe Rübe, 1 Stück Lauch, 1 Stück von der Sellerieknolle, 1 Petersilienwurzel), 1 Zwiebel, 3 Knoblauchzehen, Thymian, 1 Lorbeerblatt, evtl. 2 Tomaten, 1 Glas Rotwein, 2 Esslöffel Sauerrahm, evtl. etwas Preiselbeer-Marmelade

Das Fleisch im Ganzen lassen, von allen Seiten pfeffern und salzen. In einer Pfanne mit Öl gut anbraten. Ein wenig Suppe dazu gießen und ins vorgeheizte Backrohr schieben.
Wurzelgemüse, Zwiebel und Knoblauch schälen oder putzen und in Stücke schneiden. In einer Pfanne Öl (die Köchin nimmt das gute Waldviertler Rapsöl) erhitzen, Gemüse anbraten, Gewürze und die in Würfel geschnittenen Tomaten dazugeben. Dann kommt diese Gemüsemischung rund um das Fleisch in die Pfanne und alles durchschmoren. Von Zeit zu Zeit mit Suppe etwas aufgießen.
Wenn der Braten durch ist, das Fleisch herausholen und beiseite stellen. Auch das Lorbeerblatt und den Thymian (für den Fall, dass es ein frisches Zweiglein war). Zum Saft und dem Gemüse kommt nun ein Glas Rotwein und dann wird alles im Mixer püriert. Zum Schluss noch 2 Esslöffel Sauerrahm darunterrühren, damit die Soße etwas heller wird.
Das Fleisch wird in Scheiben geschnitten und mit etwas Saft garniert angerichtet. Dazu passen Serviettenknödel oder – wie im Stift Geras – Waldviertler Knödel. Beim Anrichten kann man einen Tupfer Preiselbeermarmelade auf den Teller geben.

Waldviertler Knödel

Das sind Kartoffelknödel, die zum Teil aus rohen, zum Teil aus gekochten Kartoffeln bereitet werden. Für die „originalen" Waldviertler Knödel verwendet man ⅔ rohe, ⅓ gekochte Kartoffeln. Man kann das Rezept aber auch nach Geschmack variieren.

1 kg Kartoffeln, 200 g Kartoffelmehl, 1 Handvoll Grieß, etwas Salz

600 g rohe Kartoffeln schälen und fein reiben, in ein Tuch geben und gut durchdrücken, damit die Flüssigkeit abläuft. 400 g gekochte Kartoffeln schälen und durch die Kartoffelpresse drücken. Die Kartoffeln in eine Schüssel geben, mit Mehl und Salz gut vermengen, Grieß dazu, alles durchkneten. Wasser mit etwas Salz zum Sieden bringen, die Knödel einlegen und etwa 20 Minuten sieden lassen.
Kartoffelknödel sind eine gute Beilage, eignen sich aber auch zum Füllen mit gehackter Wurst oder Grammeln. Durch die rohen Kartoffeln färben sich die Knödel etwas dunkel, wenn Sie das nicht mögen, verwenden Sie nur gekochte Kartoffeln. Das Rezept bleibt das gleiche, die gekochten Kartoffeln werden faschiert oder durch die Kartoffelpresse gedrückt.

Das Wiener Schottenstift – eine Benediktiner-Abtei, die seit über 850 Jahren im Zentrum der Stadt liegt – betreibt nicht nur ein Museum und den großen Klosterladen, sondern auch einen landwirtschaftlichen Betrieb, der vorbildlich geführt wird. Im äußeren Bezirk der Stadt halten „die Schotten", wie sie von der Wiener Bevölkerung genannt werden, Schweine, die ein „glückliches Leben" führen dürfen und sie züchten seit über zwanzig Jahren Schottische Hochlandrinder. Wurst und Fleisch kann man direkt ab Hof kaufen, auf Bestellung auch im Klosterladen. Die gutmütigen und freiheitsliebenden Hochlandrinder vertragen keine Stallhaltung, sie dürfen ihr Leben im Freien genießen. Das cholesterinarme Fleisch schmeckt wie Rindfleisch, ist etwas würziger und kerniger und es braucht länger, um gar zu werden. Dafür bekommt man ein echtes „Bio-Produkt".

Saftschnitzel *vom Hochlandrind*

Im Prinzip wird das Fleisch vom Hochlandrind wie Rind bereitet, nur etwas kräftiger gewürzt.

1 Zwiebel, 3 Knoblauchzehen, 2 Karotten, 1 Stück von der Sellerieknolle, 4 Rindsschnitzel, Salz, Pfeffer, Rosmarin und/oder Thymian, Öl zum Anbraten, $1/8$ l Rotwein, etwas Suppe oder brauner Fond, 1 kleines Glas Preiselbeermarmelade, 1 Orange

Zwiebel und Knoblauch schälen und fein hacken, Karotten und Sellerie schälen und klein schneiden. Das Fleisch sanft klopfen, mit Pfeffer, Salz und trockenen Kräutern einreiben. Öl in einer Pfanne erhitzen, das Fleisch von beiden Seiten gut anbraten, dann herausnehmen, auf einen Teller legen. Wenn viel Öl in der Pfanne ist, ein wenig davon abgießen. Im Rest Gemüse, Zwiebel und Knoblauch gut durchrühren. Nach ein paar Minuten mit wenig Suppe und dem Rotwein aufgießen. Wenn Sie ein Zweiglein Thymian haben, geben Sie es hinein. Alles sanft durchköcheln, es soll sich reduzieren, also einkochen. Wenn nötig, mit Suppe oder braunem Fond aufgießen. Von der Orange 4 Scheiben abschneiden und aufheben, den Rest auspressen und zum Saft geben. Einen kleinen Löffel von der Preiselbeermarmelade hineingeben. Das Thymianzweiglein herausholen und dann alles pürieren. Den Saft abschmecken, wenn es nötig ist, gibt ganz wenig Senf eine pikante Würzung. In diesen Saft die Schnitzel legen und nachdünsten lassen.
Beim Servieren gibt man zum Schnitzel mit Saft auch einen Tupfen Preiselbeermarmelade auf eine Orangenscheibe.
Dazu passen Knödel, aber auch Reis oder Teigwaren.

Benediktiner-Topf

Eine Klosterspeise, die schon vor 150 Jahren den Weg in die bürgerliche Küche genommen hat.
Im Ursprung war dieser Topf ein kräftigendes Essen aus Kartoffeln, Gemüse und Fleisch. Heute wird er auch gerne mit ganzen Steaks zubereitet. Im Idealfall nimmt man drei Sorten Fleisch – vom Rind, vom Kalb, vom Lamm. Ursprünglich wurde jenes Fleisch verwendet, das vorrätig war.

500 g Kartoffeln, 200 g Champignons, 5 Schalotten (oder 3 kleinere Zwiebeln), Öl zum Anbraten, je 200 g feines Rindfleisch, Kalbfleisch, Lammfleisch, Salz, Pfeffer, Thymian, Petersilie, ¼ l Weißwein, wenig Suppe, 1 Esslöffel Mehl, 2 Esslöffel Tomatenmark, 2 Essiggurkerl

Kartoffeln schälen und würfelig, Champignons putzen und blättrig, 2 der Schalotten (1 Zwiebel) schälen und in Ringe schneiden, Fleisch in große Würfel. Die restlichen Schalotten oder Zwiebeln schälen und in Ringe schneiden, aufheben. Öl in einer Pfanne erhitzen, Fleisch von allen Seiten anbraten, salzen und pfeffern. Fleisch in eine Schüssel legen und zudecken.
In der Pfanne Schalotten andünsten, mit Mehl stauben, mit Wein und etwas Suppe aufgießen. Alles gut durchrühren und ein paar Minuten einkochen lassen. Gewürze und Tomatenmark hinzufügen. Alles gut aufrühren. Einen Teil des Saftes abschöpfen. Das Fleisch wieder in die Pfanne geben, Kartoffelwürfel dazu- und obenauf die Zwiebelringe legen. Zudecken und 15 Minuten dünsten lassen. Dann kommen die Champignonscheiben hinein, noch einmal 5 Minuten dünsten. Die Essiggurkerln fein schneiden und beifügen, den restlichen Saft darübergießen.

TIPP *Dieser Topf schmeckt besser, wenn er in Ruhe nachziehen kann. Diese Fleischtöpfe wurden ursprünglich auf den alten holzbefeuerten Herden bereitet, das war ein langsames Schmoren, da konnte sich der Geschmack gut entwickeln.*

Im Stift Klosterneuburg bereitet der Koch diesen Lungenbraten gern an Festtagen für den Abend, wenn ein „kaltes Nachtmahl" angesagt ist. Da wird der erkaltete Braten in Scheiben geschnitten angerichtet, dazu gibt es Sauce Tatar oder Joghurt-Dip. Aber er schmeckt natürlich auch frisch sehr gut.

Lungenbraten *in Blätterteig*

ist dem „Filet Wellington" nachempfunden, das aus dem Rinder-Lungenbraten bereitet wird. Die Lungenbraten vom Schwein sind längliche, nicht allzu große Fleischstücke. Für dieses Rezept brauchen Sie vermutlich 3 Stück, nämlich:

1 Packung Tiefkühl-Blätterteig, 1 Zwiebel, 1 Karotte, 200 g Champignons, ca. 600 g Schweinslungenbraten, Öl zum Anbraten, etwas Salz und Pfeffer, ⅛ l Weißwein, 1 Handvoll fein geschnittene Petersilie, 1 Ei zum Bestreichen

Zuerst den Teig aus der Verpackung nehmen und auftauen. Gemüse putzen, Zwiebel fein hacken, Karotten in dünne Streifen, Champignon in dünne Blätter schneiden. In einer Pfanne Öl erhitzen, Zwiebel andünsten, Karotten dazugeben und zuletzt die Champignons beifügen und mitdünsten. Salzen und pfeffern und mit Weißwein aufgießen und sanft dünsten lassen. Zuletzt die gehackten Kräuter hineingeben. Es soll eine Masse entstehen, die sich auf den Teig streichen lässt, sie muss aber vorher kalt werden. Fleischstücke waschen und trocknen, pfeffern und salzen. In einer zweiten Pfanne Öl erhitzen und das Fleisch von allen Seiten rasch anbraten, sodass es innen rosig bleibt.
Teig etwa 3 mm dick ausrollen, in drei oder vier Teile teilen, je nachdem, wie viele Fleischstücke da sind. Jedes Teigstück mit Kräutermasse bestreichen, Ränder frei lassen. Das Fleischstück auflegen und mit dem Teig einhüllen, sodass es wie eine große Teigtasche aussieht. Ei in einer Tasse versprudeln. Teigtaschen mit dem verrührten Ei bestreichen, auf ein vorbereitetes Backblech legen und im vorgeheizten Backrohr goldbraun backen.

TIPP *Wird dieser Lungenbraten warm gegessen, so reicht man dazu feines Gemüse. Im Stift Klosterneuburg wird er aus dem Backrohr genommen und – wenn er abgekühlt ist – in Scheiben geschnitten, fein angerichtet und fürs Abendessen aufgehoben.*

Benediktinerabtei Plankstetten »

Für einen Besuch im Stift Altenburg im niederösterreichischen Waldviertel braucht man Zeit. Nur so kann man die wunderbaren Gärten des Benediktinerklosters mit allen Sinnen erleben: den Schöpfungsgarten, den Garten der Religionen, den Garten der Stille. Seit 1144 leben Mönche in Altenburg, das Kloster ist eines der bedeutendsten Kulturdenkmäler mit der angeblich „schönsten Bibliothek des Klösterreichs". Mit großem Engagement und viel Liebe arbeiten die Altenburger Mönche an der aufwändigen Renovierung des barocken Gebäudes. Das mittelalterliche Kloster, das darunter liegt, haben sie freilegen lassen. Dieses „Kloster unter dem Kloster" ist einmalig in Europa. Im Stift Altenburg lugen an allen Ecken die Engel hervor. Selbst wenn man im Garten der „Klosterkuchl" sitzt, kann man sie sehen, all die Engelsfiguren, die wie tröstliche Wächter das Haus behüten und ihre gute Kraft weit übers Land senden.

In der „Klosterkuchl" wird für alle gekocht – für die Besucher genauso wie für die Benediktinermönche. Das täglich angebotene Menü wird auch im Refektorium gereicht.

Bodenständige Küche mit Zutaten aus der umliegenden Gegend – dem Kamptal – und aus der eigenen Biolandwirtschaft. An Festtagen bereitet der Koch gerne sein „Bauernpfandl" und empfiehlt dazu ein Glas Rotwein („Conventwein" Zweigelt) aus dem klostereigenen Weingut beim Schloss Limberg im Waldviertel.

Bauernpfandl *mit Kräuterspätzle*

1 Zwiebel, 100 g Frühstücksspeck, 8 Cocktail-Paradeiser, 8 Champignons, Öl zum Anbraten, 4 Schweinskoteletts (à ca. 60 g), 2 Esslöffel Paradeismark, ⅛ l Rotwein (Zweigelt aus Altenburg), ⅛ l Schlagobers, 3 Knoblauchzehen, Salz, Pfeffer, Kräuter „aus dem Apothekergarten" (z. B. Rosmarin und Thymian), 8 Scheiben Schweinslungenbraten (à ca. 60 g),
Für die Kräuterspätzle: 500 g Mehl, 2 Eier, ⅜ l Wasser, Salz, Kräuter „aus dem Apothekergarten" (z. B. Schnittlauch, Petersilie, Thymian, Rosmarin), 1 Esslöffel Butter

Zwiebel und Speck in kleine Würfel schneiden. Cocktailparadeiser und Champignons vierteln.
In einer Pfanne Öl erhitzen, die Koteletts anbraten, wenden und dann erst mit Salz und Pfeffer würzen. Fleisch aus der Pfanne nehmen und im Ofen bei 120 Grad fertig garen lassen. In der Pfanne Zwiebel und Speck anbraten, Champignons und fein gehackten Knoblauch mitbraten. Paradeismark kurz mitrösten lassen und dann mit dem Rotwein ablöschen. Einmal aufkochen und mit Schlagobers verfeinern. Den Saft mit Salz, Pfeffer und gehackten Kräutern abschmecken. Zuletzt die Schweinslungenbraten in heißem Öl kurz auf einer Seite braten, wenden, salzen und pfeffern und auch auf der anderen Seite kurz braten. Alle Fleischstücke in den Saft legen.
Für die Spätzle in einer Schüssel das Mehl mit Eiern, Wasser, Salz und der Hälfte der gehackten Kräuter vermischen, gut durchrühren, sodass ein zähflüssiger Teig entsteht. In einem großen Topf reichlich Wasser mit einer Prise Salz zum Kochen bringen. Die Spätzle mit einem Hobel in das kochende Salzwasser hobeln, aufkochen lassen, abseihen und mit kaltem Wasser abschrecken. Wenn Sie keinen Spätzlehobel haben, stechen Sie mit einem Teelöffel kleine Nockerln aus dem Teig und lassen sie ins Wasser gleiten.
Die Spätzle vor dem Servieren in etwas Butter und den restlichen Kräutern kurz anbraten und gleich servieren.

„Leben aus dem Ursprung" – die Benediktinermönche aus Plankstetten

Als die Fotografin auf ihrer „Klosterreise" die Benediktinerabtei in der Oberpfalz besuchte, kam sie gerade recht zum Erntedankfest. Am Ende des Sommers ist es Zeit zu danken: für die gute Ernte, für die Früchte des Gartens und der Felder und alles, was wachsen und gedeihen konnte unter der guten Sonne des Sommers, unter sanftem Regen und Wind. Viele Menschen sind zu diesem Fest gekommen und Barbara, die Fotografin, ist hingerissen von dem herzlichen Verhältnis, das die Bevölkerung der Oberpfalz zu „ihren" Mönchen pflegt. Die Abtei Plankstetten ist in ihrem Umkreis zum Vorbild der Biobauern und aller umweltbewusst lebenden Menschen geworden. Von den Mönchen kann man lernen, wie ökologisches Denken praktisch anzuwenden ist. Die Plankstettner Betriebe sind beeindruckend. Da gibt es neben der Landwirtschaft die Gärtnerei, Imkerei, Brennerei, Metzgerei, Bäckerei – alles biologisch und bewusst geführt, und mitten unter ihnen die Mönche.

Bruder Richard betreut Landwirtschaft und Tiere, Bruder Bonifatius arbeitet in der Klosterbäckerei; seine Backwaren und Torten wurden schon mehrfach ausgezeichnet. Im Klosterladen wird all das angeboten, was das Haus produziert. In der Klosterküche steht Anton Klein, ein „Laie", wobei sich diese Bezeichnung nur auf seinen nichtgeistlichen Stand bezieht.

> ※ **Weihe der Arbeit** ※
>
> *Wir bitten dich, Herr, unser Gott, komm unserem Beten und Arbeiten mit deiner Gnade zuvor und begleite es, damit alles, was wir beginnen, bei dir seinen Anfang nehme und durch dich vollendet werde.*
>
> **Gebet der Mönche aus Plankstetten**

Herr Klein ist Küchenmeister und Herz und Seele der Küche. Mit Engagement und Kreativität zaubert er seine Menüs und lässt sich auch von den Oberpfälzern gerne auf die Finger schauen. „Essen wie die Mönche", so heißen die Kochkurse, die er regelmäßig einmal im Monat veranstaltet. Er kocht „im Jahreskreis" und hat das Glück, mit den Bioprodukten aus den Klosterbetrieben arbeiten zu können. Fleisch von feinster Qualität kommt da auf den Tisch.

Den „Heubraten" hat Anton Klein erfunden, eine Plankstettner Spezialität, bei der das Fleisch im klostereigenen Bio-Heu tagelang gebeizt und danach verkocht wird. Für das Erntedankfest wurden riesige Mengen vom Plankstettner Zwiebelkuchen gebacken. Ein Mürbteig aus Weizenvollkornmehl wird dafür mit feinster Zwiebelmasse und Klosterschinken belegt – und all das passt „zünftig zum Federweißen", dem Glas Wein nämlich.

Die Mönche von Plankstetten haben es geschafft, einer strukturschwachen Gegend aus ihrer tiefen, gläubigen Lebenseinstellung eine neue Richtung zu weisen. Mit ihrem ökologischen Landbau haben sie gezeigt, wie man die Schöpfung in großer Dankbarkeit ehrt und wie man Verantwortung für das Leben auf Erden übernimmt.

David Kalb von den Klosterbetrieben Plankstetten hat den Klosterkoch bei der Arbeit fotografiert. »

Plankstettner Heubraten

Eine Speise, die lang vorher geplant werden muss!

1 kg Bio-Fleisch vom Rind (oder Schwein) – am besten Schulter oder Rolle, 500 g Bio-Heu, 3 l Wasser, 2 Karotten, 1 Lauch, 1 Sellerie, 2 Zwiebeln, 50 g Pflanzenfett, Meersalz, Pfeffer, 250 ml Sahne, 1 Esslöffel eingelegte Preiselbeeren, 20 g Butter

Karotten, Lauch und Sellerie waschen, putzen und in Würfel schneiden. Bio-Heu klein schneiden und gemeinsam mit dem Gemüse in einem großen Topf mit Wasser aufkochen, erkalten lassen.

Das Rindfleisch dazugeben und alles fünf Tage ziehen lassen. (Gut kühl stellen.)
Danach das Fleisch herausnehmen und würzen. In einem Topf Fett erhitzen, fein gehackten Zwiebel anbraten, herausnehmen. Das gewürzte Fleisch in diesem Fett von allen Seiten scharf anbraten. Nun das Heu und den Fond auf das Fleisch gießen und weich kochen lassen. Fleisch herausnehmen, die Soße abseihen, Preiselbeeren zugeben, mit Butterflocken montieren und mit Sahne verfeinern.
Dazu serviert der Koch Semmelknödel und Apfel-Blaukraut.

Dinkelbierparfait

Ein ganz feines Dessert aus dem Kloster Plankstetten, eine Kreation des Klosterkochs Anton Klein. Es ist aufwändig zuzubereiten, aber das gehört zu so einem besonderen Nachtisch auch dazu.

200 g Puderzucker, 5 Eigelb, 750 ml Sahne, 7 Esslöffel Dinkelbier (ersatzweise Dunkles Bier), 100 g Dinkelschrot, zum Garnieren geschlagene Sahne, Schokoladensoße, Waffeln
Für die Zubereitung brauchen Sie auch einige Eiswürfel für das Eiswasser, in dem die Creme geschlagen wird.

In einer Pfanne Dinkelschrot gut, aber sanft anrösten. In einer Rührschüssel die Eigelb mit dem Puderzucker vermischen, diese auf einen Topf mit heißem, leicht dampfendem Wasser setzen und dort „im Wasserbad" mit einem Schneebesen gut aufschlagen, bis die Masse cremig wird. Die Schüssel wegnehmen und die Creme im Eiswasser „kalt schlagen", also die Schüssel in einen Topf mit eiskaltem Wasser stellen und dort gut weiterrühren. In einer zweiten Schüssel das Bier mit dem Schneebesen schaumig schlagen. In einer anderen Schüssel die Sahne schlagen. Nun werden das schaumige Bier und die geschlagene Sahne behutsam in die Creme eingerührt. Zuletzt den angerösteten Dinkelschrot unterziehen. In kleine Formen, in denen das Parfait serviert werden kann, füllen und für mindestens vier Stunden in den Froster (Tiefkühlschrank) stellen. Danach mit geschlagener Sahne und etwas Schokoladensoße und Waffeln garnieren und servieren. Wenn Sie größere Formen nehmen, schneiden Sie das Parfait vor dem Garnieren in Scheiben.

Festtags-Fisch

Fischspeisen werden zumeist an Fasttagen gekocht. Wenn Festtage in der Fastenzeit liegen, wird auch der Fisch zur Festspeise.

Karpfen *mit Erdäpfelkruste*

Für dieses Rezept eignen sich auch andere Fische, wie z.B. Zander, Hecht, Lachs oder Forelle.

Ca. 700 g Karpfenfilets (möglichst grätenfrei), Salz, Pfeffer, Saft von 1 Zitrone, Mehl zum Bestauben, Butter zum Anbraten, etwa 500 g gekochte Erdäpfel, 1 Esslöffel Butter, 2 Eidotter, Salz, Pfeffer, Muskat, fein gehackte frische Kräuter (z. B. Estragon oder Zitronenmelisse, Petersilie), Fett zum Ausbacken

Fischfilets waschen und trocken tupfen, etwas salzen, pfeffern, mit Zitronensaft marinieren und für 15 Minuten beiseite stellen.
Die gekochten Erdäpfel schälen und entweder fein reiben oder passieren, mit Eidotter, zerlassener Butter, Gewürzen und Kräutern vermengen und beiseite stellen. Die Masse soll kühl werden, dann lässt sie sich besser streichen.
Die Fischfilets mit Mehl bestauben und in Butter auf beiden Seiten anbraten. Die Filets auf ein Backblech legen, mit der Erdäpfelmischung oben bestreichen und im Rohr überbacken.

Variation *Die rohen Fischfilets auf einer Seite mit der Erdäpfelmasse bestreichen, auf der anderen mit Mehl. In heißem Fett (gut schmeckt Butterschmalz) herausbacken – zuerst auf der Seite mit der Masse, dann umdrehen und auf der anderen Seite braten.*

Forelle *in Folie*

Eine einfache, köstliche Speise. „Bei dieser Zubereitung kann der Fisch seinen Eigengeschmack voll entwickeln", sagt die Köchin aus dem Stift Geras.

Forelle, etwas Zitronensaft, Butter, Salz, viele frische Kräuter, Alufolie

---

Forelle waschen, trocken tupfen, mit Zitronensaft beträufeln und ziehen lassen. Kräuter fein hacken. Nun bestreicht man die Alufolie dort, wo der Fisch darauf zum Liegen kommen soll, mit Butter und streut gehackte Kräuter darauf. Die Forelle außen und innen salzen und auf die Folie legen, einwickeln und im vorgeheizten Backrohr bei guter Temperatur etwa 25 Minuten backen.
Aufpassen beim Auswickeln – da kommt heißer Dampf heraus! Nach dem Auswickeln schnell servieren, damit der Fisch nicht auskühlt.
Zum Fisch passen am besten Kartoffeln, vielleicht etwas Sauerrahm mit Knoblauch, sanft gewürztes Zucchinigemüse oder Salat.

Zander *in pikanter Soße*

Eine Festtagsspeise im Stift Heiligenkreuz, wenn der Festtag gerade auf einen Freitag fällt.
„Für einen ‚normalen Fasttag' wäre dieser Fisch ja viel zu teuer",
sagt die Köchin.

600–700 g Zanderfilets, Saft von ½ Zitrone, 2 kleine Zwiebeln, 1 Knoblauchzehe, 3 Paprika (rot, gelb, grün mischen) 100 g Champignons, 3 Tomaten, Mehl zu Bestauben, Fett zum Anbraten, ⅛ l Weißwein, Salz, Pfeffer, Rosenpaprika, etwas Senf zum Würzen, frische Dille

---

Den Zander waschen, mit Zitronensaft beträufeln und beiseite stellen. Zwiebeln und Knoblauch schälen, fein hacken, Paprika entkernen und in Streifen schneiden, Champignons putzen und blättrig schneiden. Von den Tomaten die Stielansätze entfernen, würfelig schneiden.
In einer Pfanne Butter oder Öl erhitzen, Zwiebeln und Knoblauch anrösten, Paprika dazu und alles gut durchschwitzen. Mit wenig Mehl stauben, durchrühren, mit Wein aufgießen, Salz, Pfeffer, Rosenpaprika, Champignons und Tomatenwürfel dazugeben, kurz durchdünsten lassen. Abschmecken, vielleicht ein wenig Senf dazugeben, damit alles pikant wird, zudecken und abdrehen. Das Gemüse soll nicht zu weich sein.
Den Fisch mit Mehl bestauben. In einer Pfanne Öl erhitzen und die Filets auf beiden Seiten goldbraun braten. Den gebratenen Fisch in die Soße legen und noch ein paar Minuten nachdünsten lassen. Zuletzt mit frischer, fein gehackter Dille bestreuen. Wenn keine frische Dille da ist, würzt man das Gemüse ein wenig mit trockener Dille.
Dazu passen am besten Salzkartoffeln.

An Festtagen wird auch im Kloster der Tisch schön gedeckt. Da werden die schönen Tischtücher herausgeholt, bunte Servietten aufgelegt, ein Blumenstrauß kommt auf den Tisch und die einfachen Gläser durch Stielgläser getauscht. Im Stift Herzogenburg gibt es in der Weihnachtszeit eine Besonderheit: Während der sogenannten Weihnachts-Oktav von Weihnachten bis zum Dreikönigsfest übernimmt der Abt den Tischdienst. Das ganze Jahr über wechseln einander die Mönche beim Tischdienst ab – holen die Speisen aus der Küche, servieren, räumen den Tisch wieder ab. In der Weihnachtszeit macht das Abt Maximilian und bedient seine Brüder. Eine Geste, die für sich spricht.

> ❊ *Aus der „Regel des heiligen Benedikt"* ❊
>
> *Die Brüder sollen einander dienen.*
> *Keiner werde vom Küchendienst ausgenommen,*
> *es sei denn, er wäre krank oder*
> *durch eine dringende Angelegenheit beansprucht;*
> *denn dieser Dienst bringt großen Lohn*
> *und lässt die Liebe wachsen.*

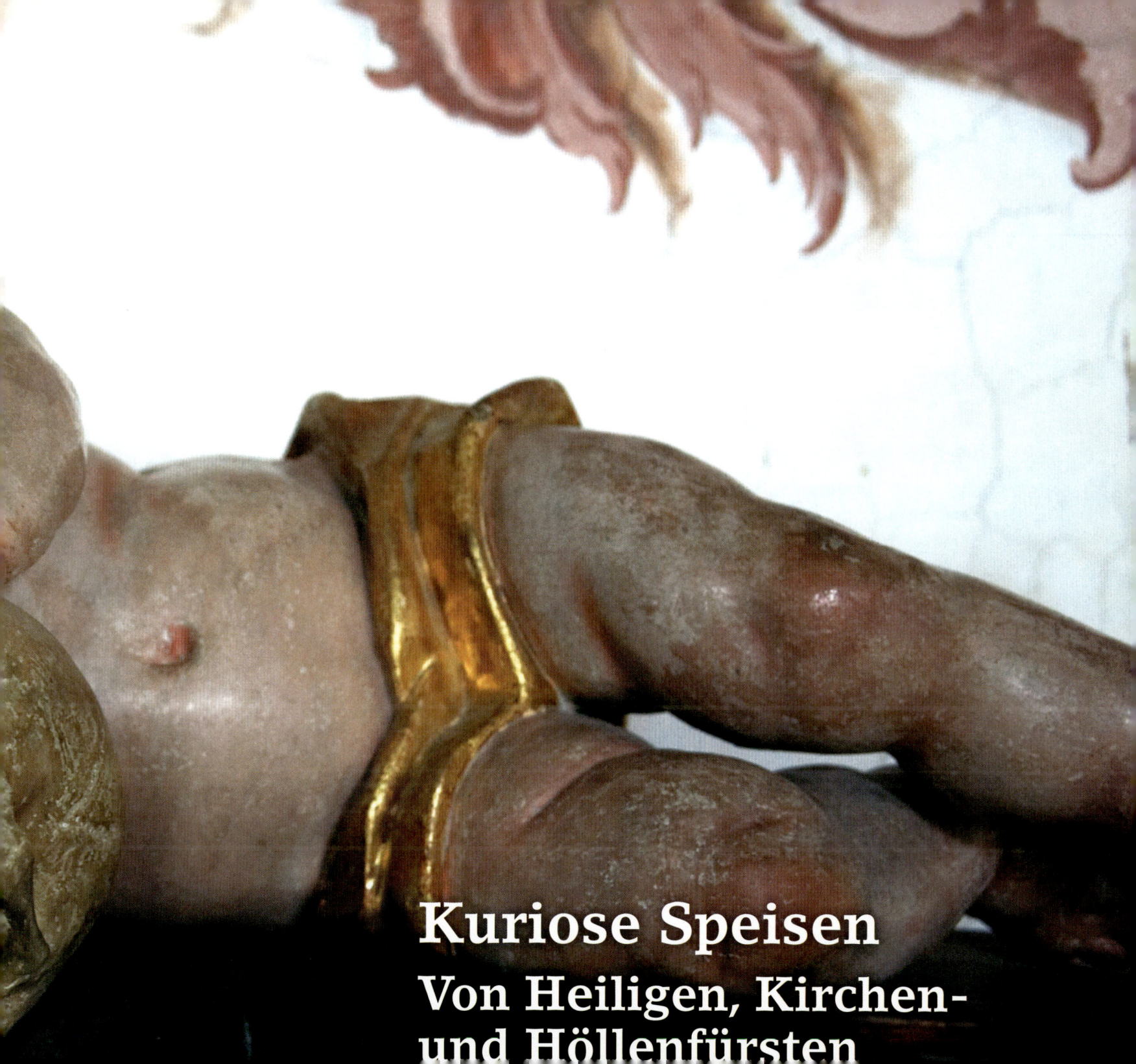

Kuriose Speisen

Von Heiligen, Kirchen-
und Höllenfürsten

Kuriose Speisen

Alte Kochbücher sind eine wahre Fundgrube, nicht nur für Rezepte. Es ist spannend und lustvoll, in ihnen zu blättern. Da werden Erinnerungen aus der Kindheit wach, alte Wörter tauchen auf und Küchengeräte, die es heute nicht mehr gibt, werden erwähnt. Und man erfährt so ganz nebenbei auch eine Menge über die Zeit, in der die Rezepte aufgeschrieben wurden, über den Zeitgeist und den Lebensmittelpunkt der Menschen.

Durch so viele Rezeptnamen wissen wir, dass die Kirche im 19. Jahrhundert einen festen Platz im gesellschaftlichen Gefüge hatte. Auch wenn wir heute manchmal schmunzeln, weil so manche Benennung für unsere Ohren direkt respektlos klingt. Dabei war das vermutlich genau umgekehrt gedacht: als Ehrerbietung gegenüber demjenigen, nach dem die jeweilige Speise benannt wurde. Wer diese Namen ausgewählt hat, kann man heute kaum mehr herausfinden. Ob sie daher stammen, dass vielleicht „an dem Tag, an dem der Kardinal kam" diese eine Speise gekocht wurde; oder daher, dass die Speise in Farbe, Form oder Geschmack Erinnerungen wachrief – all das kann man nur mutmaßen. Diese Mischung aus Heiterkeit, Witz und Kuriosität ist aber in jedem Fall ein Beweis dafür, wie stark all die Heiligen, die gehobene Geistlichkeit und sogar der Teufel selbst im Volk einen festen Platz hatten. Das Selbstbewusstsein des Volkes nötigt einem auch gehörigen Respekt ab – zögerte es doch keinen Augenblick, sich all diese Speisen „einzuverleiben".

❖ Aus einem alten Kochbuch ❖

Kardinal-Eier

Die Eier-Zwiebel-Masse entspricht nicht wirklich unseren heutigen Geschmacksgewohnheiten, aber das Rezept ist interessant zu lesen. Der Name „Kardinal-Eier" kommt wohl von dem Tupfen Fleisch-Haschee, mit dem die Speise dekoriert wird. Ein rötliches Tüpflein, das an das Käppchen vom Kardinal erinnert.

Koche 10 Eier, bis sie hart sind. Danach schneide sie in der Mitte durch, dann nach der Quere in feine Scheiben. Schneide ebenso viele, ebenso große Zwiebeln in dünne Ringe. Gib in eine Rein (Anmerkung: breiter Topf) ein Stück Butter, dann die Zwiebel, decke sie zu und lass sie schwitzen. Mach nebenher ein gutes Béchamel, gib es in die Zwiebeln, rühr um. Gib die Eier darein, Salz und Pfeffer und lass es an einem warmen Ort stehen bis zum Anrichten. Gib obenauf einen Löffel Fleisch-Haschee und bring es zu Tisch.

Kardinalsoße

Diese „geschlagene Soße" stammt aus einer Zeit, als die Flüsse und Teiche, die zu den Klöstern gehörten, noch voll mit Krebsen waren.

Es wurde eine Béchamelsoße bereitet, 3 Esslöffel Sauce Hollandaise beigefügt und zuletzt Krebsenbutter eingerührt. All das wurde in einem Kupferkessel über Dunst mit einem Schneebesen lange geschlagen. Diese Soße reichte man zu gebratenem Fisch oder zu einer kalten Platte.

Die Farbe der Krebsenbutter hat der Soße auch den Namen gegeben – rot wie das Käppchen vom Kardinal.

Auferstehungs-Suppe

Eine wirklich sehr kräftige Suppe aus selbst gemachter Hühnersuppe, die offenbar „Tote" zum Leben erweckt.

1 l Hühnersuppe zum Kochen bringen und so lange sanft köcheln, bis sie sich auf die Hälfte reduziert. 1 Glas Sherry beifügen, mit ein wenig Pfeffer würzen und servieren.

Domherren-Schnitten

Für diese Schnitten wird Kalbshirn in Wasser mit einem Spritzer Essig blanchiert. Dann wird es würfelig geschnitten und mit Pfeffer, Salz, Muskatnuss, einem Eidotter angeröstet, mit Mehl gestaubt. Dazu kommen Sardellenfilets, und all das wird auf gerösteten Weißbrotscheiben angerichtet. Eine Speise, die heute nur mehr wirkliche Individualisten genießen möchten.

Verlorene Eier nach St. Petrus

Das Fest von St. Petrus wird am 29. Juni gefeiert, er ist der Patron der Fischer und der Fischhändler, möglicherweise hat diese Speise – mit Sardellenfilets – deshalb diesen Namen bekommen. „Verlorene Eier" sind „pochierte Eier", sie werden in Wasser und einem Spritzer Essig gekocht und warm serviert.

Wasser mit einem Spritzer Essig zum Kochen bringen, ein rohes Ei vorsichtig in Tasse schlagen und ins siedende Wasser gleiten lassen, drei Minuten ziehen lassen, herausholen.
Wenn Sie „verlorene Eier" noch nie probiert haben, setzen Sie das Ei besser in einen Schöpflöffel, tauchen ihn ins Wasser und lassen das Ei darin ziehen. So kann man es leichter wieder herausholen und läuft nicht Gefahr, das Ei „verloren" zu haben. Für die Eier „nach St. Petrus" braucht man noch: Weißbrot, Butter, Sardellenpaste, 1 Dose in Öl eingelegte Sardellenfilets oder Sardellenringerl, gehackten Schnittlauch zum Bestreuen. Weißbrotscheiben mit Butter bestreichen und sanft toasten, danach mit Sardellenpaste bestreichen, je ein verlorenes Ei auf eine Scheibe Brot setzen, Sardellenfilet oder -ringerl darauflegen und alles mit Schnittlauch bestreuen.

Verlorene Eier nach St. Hubertus

Hubertus-Tag ist der 3. November, da ist Jagdzeit. St. Hubertus ist Patron der Jäger, der Forstleute, der Schützengilde. Diese „verlorenen Eier" werden mit Bratenresten vom Wild bereitet.

1 Zwiebel, Champignons, Öl zum Anbraten, Salz, Pfeffer, etwas gehackte Petersilie, Weißbrot, etwas Butter, pro Brotscheibe 1 Ei, faschierte Bratenreste von Reh, Hirsch oder Hase (oder 1 Glas Wildleber- oder Wildpastete)

Zwiebel schälen und fein hacken, Champignons putzen und blättrig schneiden. In einer Pfanne Öl erhitzen, Zwiebel goldgelb anrösten, Champignons dazu, Salz, Pfeffer und Petersilie. Alles gut durchschwitzen. Weißbrot mit Butter bestreichen und leicht toasten. Verlorene Eier bereiten. Auf jede Brotscheibe faschierte Bratenreste (oder etwas Wildpastete) streichen, auf jeden Toast ein Ei setzen, einen Löffel von der Champignon-Masse dazugeben.

Soße nach St. Vinzenz

1 Schüssel voll Sauerampfer, Öl zum Andünsten, Salz, Pfeffer, 200 ml Sauerrahm, 100 ml Mayonaise

Sauerampfer waschen, trocken schleudern. In einer Pfanne Öl erhitzen, Sauerampfer hineingeben und zusammenfallen lassen. Salzen, pfeffern, weich dünsten und dann mit dem Mixer pürieren. In einer Schüssel Sauerrahm und Mayonaise vermischen und die grüne Masse einrühren.

Variation *Wenn die Zeit des Sauerampfers vorbei ist, kann man auch Blattspinat verwenden.*

Der heilige Vinzenz von Paul – Gedenktag 19. Juli – hat den Beinamen „Vater der Armen", vielleicht ist deshalb eine Soße aus Wildkräutern nach ihm benannt. Wildkräuter galten lange als Armenspeise. Genauso gut wäre es möglich, dass diese Soße einst in einem Kloster St. Vinzent gerührt oder zumindest aufgeschrieben wurde. Ob man je den Ursprung dieser Namensgebung finden wird? In jedem Fall wird hier eine Mischung aus Sauerrahm und Mayonaise mit gedünstetem und püriertem Sauerampfer vermischt. Das sieht hübsch grün aus, passt zum St. Vinzenz-Tag am 19. Juli und außerdem zu Fleisch- und Fischspeisen und Kartoffeln.

Kuriose Speisen

Teufelssoße

Diese Soße hat eine sehr dunkle Farbe und ist sehr würzig. Vermutlich stammt daher der Name.

1 großes Wurzelwerk (2 Karotten, 1 gelbe Rübe, 1 Lauchstange, 1 Stück von der Sellerieknolle, 1 Zwiebel, 1 Knoblauch), Wasser, 1 Spritzer Essig, ein paar Körner eingelegter grüner Pfeffer, etwas Cayennepfeffer. Dazu eine „braune Grundsoße" – das ist entweder Bratensoße oder eine kleine Einmach aus Vollkornmehl: 2 Esslöffel Butter, 2 Esslöffel Vollkornmehl, Gemüsebrühe

Gemüse putzen und in grobe Stücke schneiden, in einen Topf geben, grüne Pfefferkörner dazu, einen Spritzer Essig und alles mit Wasser gerade bedecken. Zum Kochen bringen, zudecken, weich kochen. Die Brühe soll sich reduzieren, also sehr intensiv werden. Danach überkühlen lassen und im Mixer pürieren. Nun entweder Bratensoße dazurühren oder die Einmach bereiten: In einer Pfanne Butter zerlaufen lassen, Vollkornmehl einrühren, durchrühren und mit Brühe aufgießen. Einmach (oder Bratensoße) mit der Grundsoße vermengen, noch einmal aufkochen, etwas Cayennepfeffer einstreuen, abschmecken.

TIPP *Die Teufelssoße passt zu gebratenem oder gegrilltem Fleisch, am besten zu einem saftigen Stück Rind.*

Gebet und Speise –
aus der Geschichte des Klosteralltags

„Müßiggang ist der Feind der Seele", sagt der heilige Benedikt in seiner Regel für das Zusammenleben der Ordensgemeinschaft. Auch in der alltäglichen Arbeit wird Gott verherrlicht, mit Gebet und Arbeit sei der Tag erfüllt. Die strenge Gebetsregel – sieben Mal am Tag sollen sich die Mönche zum gemeinsamen Gebet zusammenfinden – kann heute nicht mehr in allen Klöstern verwirklicht werden. Weil auch die Nonnen und Mönche oft einem „ganz normalen" Arbeitsalltag mit festen Arbeitszeiten gehorchen. Aber morgens, mittags und abends beten alle gemeinsam.

Benedikt erstellte seine Regel im 6. Jahrhundert, in der Zeit des Frühen Mittelalters. „Das finstere Mittelalter", sagte einmal der Theologe Adolf Holl in seiner pointierten Art, „war deshalb ein finsteres, weil es kein elektrisches Licht gab." Tag und Nacht wurden damals viel unmittelbarer erlebt, genauso wie die Jahreszeiten. Die Dauer des Sonnenlichts bestimmte den Rhythmus des Lebens, eines Lebens ohne Uhr – die Sonnenuhr zählte die Stunden. In den Regeln des Benedikt ist dieses Lebensgefühl zu spüren, da gibt es keine fixen Zeitangaben, wie wir sie gewohnt sind, hier ist von „Stunden" die Rede. Der Tag begann im Morgengrauen mit dem ersten Gebet. Im weiteren Tagesverlauf rief die Glocke die Ordensleute alle zwei Stunden zu Gebet, heiligen Gesängen, Bibellesung oder Messfeier.

> **❋ Aus dem Leben der Benediktinermönche von Ottobeuren ❋**
>
> *Die Mönche beten und singen jeden Tag vier Mal gemeinsam:*
> · *am Morgen um 05.30 Uhr zu Vigil, Laudes und Hl. Messe*
> · *am Mittag zu Terz, Sext und Non*
> · *am Abend um 18.00 Uhr oder 17.30 Uhr zur Vesper*
> · *am Ende des Tages zur Komplet*
> *Vesper und Komplet werden dabei meistens im Gregorianischen Choral gesungen, an Sonn- und Feiertagen in lateinischer Sprache.*
>
> *Neben diesen gemeinsamen Gebetszeiten sind für jeden Mönch auch Zeiten für stilles, privates Gebet und Betrachtung (Meditation) vorgesehen.*

Mit dem ersten Gebet beginnt man die Stunden des Tages zu zählen, es ist die Prim. Am späten Nachmittag, nach der Vesper, gibt es ein kleines Abendessen. Benedikt von Nursia hat in seinen Regeln das Abendessen nur für die sommerliche Zeit vorgesehen, im Winter sollte das Mittagessen die erste und letzte Mahlzeit sein – vermutlich, weil der Tag bereits vor 18 Uhr zu Ende war und Fasten ohnehin einen großen Stellenwert einnahm.

Zur Zeit Benedikts bestand die Nahrung der mittelalterlichen Ordensleute neben Obst und Gemüse aus etwas Brot, Eiern, Bohnen, Fisch und Käse, Milch und Honig. „Auf das Fleisch vierfüßiger Tiere sollen alle verzichten, außer die ganz schwachen Kranken", sagte Benedikt von Nursia. Auch Brot sollte sparsam verteilt werden: „Ein reichlich bemessenes Pfund Brot genüge für den Tag, ob man nur eine Mahlzeit hält oder Mittag- und Abendessen einnimmt. Essen die Brüder auch am Abend, hebe der Cellerar ein Drittel dieses Pfundes auf, um es ihnen beim Abendtisch zu geben."

Die Mahlzeiten sollen in Stille eingenommen werden, schweigend. Aber: „Bei Tisch darf die Lesung nicht fehlen." Und so wird vor Beginn der Mahlzeit das Gebet gesprochen, danach liest einer der Brüder – „der Tischleser" – ein Stück aus der Bibel, einen geistlichen Text oder theologisch-erbauliche Literatur vor. „Dabei", schreibt Benedikt, „herrsche größte Stille. Kein Flüstern und kein Laut sei zu hören, nur die Stimme des Lesers."

Viele dieser Regeln wurden im Lauf der Jahrhunderte behutsam verändert und den Lebensgewohnheiten angepasst. In den Grundzügen sind sie dennoch immer gültig. Die Lesung bei Tisch zum Beispiel wird heute in manchen Klöstern nur zu Beginn von einem Mitbruder oder einer Schwester tatsächlich vorgelesen, dann schaltet man eine vorbereitete Tonaufzeichnung ein und alle lauschen den Texten. Schweigend gegessen wird in vielen Klöstern. Manche essen das ganze Mahl in völliger Stille. Andere löffeln schweigend die Suppe, dann läutet der Abt mit einem Glöckchen und es darf gesprochen werden.

„Gerade an betriebsamen Tagen ist dieses Schweigen wie ein Ausatmen, das stärkt uns und wir genießen diese Stille", erklärt Schwester Michaela, die Generaloberin der Marienschwestern vom Karmel. Es liegt in der Entscheidung der Äbtissin, Schweigen anzuordnen. Wenn Gäste mit am Tisch sitzen, wird es oft aufgehoben, auch an Festtagen und zu besonderen Anlässen. „Aber manchmal haben die Schwestern direkt Sehnsucht nach diesem Schweigen", sagt Äbtissin Michaela. „Das ist eine Stille, die guttut. Sie hilft uns, alles besser wahrzunehmen: das Essen genauso wie unsere Mitmenschen. Es ist ein erfüllendes Schweigen. Einen großen Stellenwert hat auch das Gebet zu Beginn und am Ende der Mahlzeit. Es ist Bitte, Dank und Lobpreis für die Gaben des Schöpfers durch die Schöpfung."

Ein Blick über die Grenzen in die Gedankenwelt des Buddhismus zeigt, wie weise Hildegard von Bingen vor fast 1000 Jahren war, als sie erkannte, dass „alles eins" ist.

Thich Nhat Hanh, Meister der buddhistischen Lehre, ist im Jahr 1926 in Vietnam geboren. Ein Mönch (Thich ist ein Titel der vietnamesischen Mönche) aus einer anderen Welt. Der Autor und Lyriker hat den Begriff der „Achtsamkeitsübungen" geprägt, aufdass man sich voll und ganz dem Augenblick widme. Über das Essen sagt der buddhistische Mönch:

„In Stille zu essen, auch nur für ein paar Minuten, ist eine sehr wichtige Übung.

Es hält uns von Ablenkungen fern, die einen natürlichen Kontakt mit dem Essen verhindern können."

> ❋ **Aus der**
> **„Regel des heiligen Benedikt"** ❋
>
> *Die Vesper aber wird so angesetzt, dass man bei Tisch kein Lampenlicht braucht. Vielmehr muss alles noch bei Tageslicht fertig werden.*

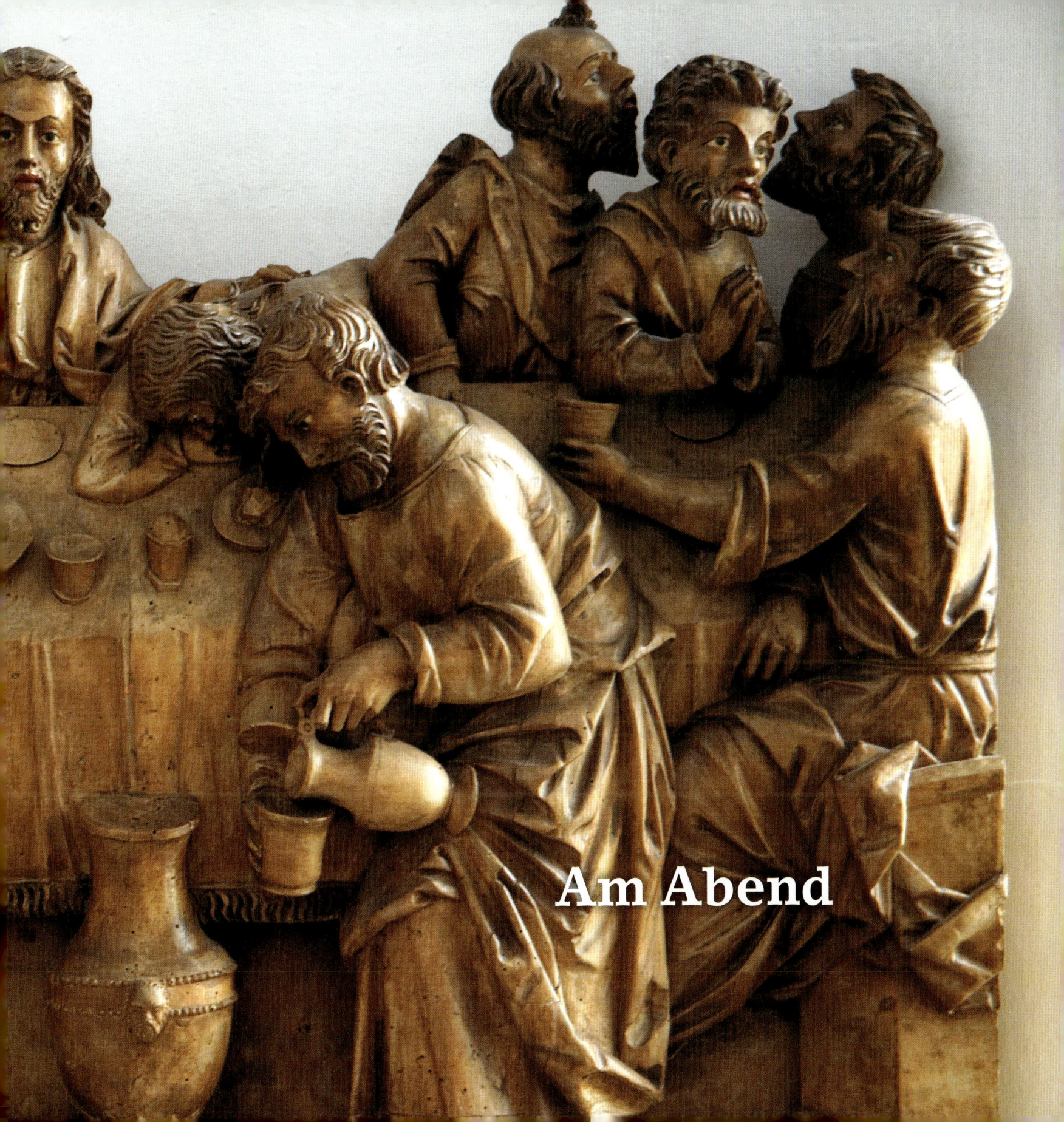

Am Abend

Am Abend

In alten Büchern steht es noch zu lesen, das Wort „vespern". Es war in Süddeutschland und Westösterreich gebräuchlich und heißt so viel wie: einen Imbiss einnehmen. Das Wort hat seinen Ursprung im Klosteralltag. Vesper heißt die abendliche Gebetsstunde der Nonnen und Mönche, danach gibt es ein gemeinsames Mahl.

Das Abendessen im Kloster kann einiges über den Klosteralltag erzählen. „Ein voller Bauch studiert nicht gern" wurden unsere Eltern und Großeltern belehrt. Im Kloster gilt: „Ein voller Bauch meditiert nicht gern", und so achten die Köchin oder der Küchenmeister – so heißt der Mönch, dem die Organisation der Küche obliegt – besonders abends auf leichte und gut verdauliche Kost. Schwester Kornelia aus dem Kloster Habsthal in Oberschwaben weist gern darauf hin, dass die Qualität der Nahrung für die Spiritualität wichtig ist, für Gebet und Meditation. Wer sich gut ernährt, dem fällt das Meditieren leicht.

Das klösterliche Nachtmahl wird aber noch von einem zweiten Thema bestimmt, einem sehr profanen – dem Geld. Im Kloster wird nämlich rundum der Sparstift eingesetzt.

In den größeren Klöstern gibt es aus Gründen der Sparsamkeit abends oft „kaltes Nachtmahl". Das heißt nichts anderes, als dass der Koch oder die Köchin bereits zu Mittag das Abendessen vorbereitet, kühl stellt, die Küche am frühen Nachmittag sauber macht und heimgeht.

> ❋ *Aus dem Neuen Testament* ❋
>
> *„Herr, bleibe bei uns, denn es will Abend werden und der Tag hat sich geneiget."*
> **Lukas Evangelium 24, 29**

Abends kommen dann die geistlichen Herren, die für den Küchendienst an der Reihe sind, holen die Tabletts und servieren das Mahl.

In den kleineren Klöstern aber, wo die Nonnen selbst kochen (Küchenarbeit ist auch im Kloster zumeist Frauenarbeit), wird abends ein warmes Nachtmahl serviert – weil es billiger kommt, wenn man selber kocht.

Dies alles erzählt viel über die Gesellschaft, in der wir leben: ein Nachtmahl, bestehend aus Wurst, Käse und Aufstrichen, kommt zwar von den Zutaten teurer als eine schlichte Suppe. Aber wenn man Personal bezahlen muss, um die Suppe zu kochen, ist es für das „Unternehmen Kloster" trotzdem günstiger, eine hübsch arrangierte kalte Platte aufzutischen. Daher werden zumeist in den kleineren Klöstern abends Suppe und kleine warme Speisen, oft Mehlspeisen zubereitet. In den größeren Klöstern stehen abends „kalte Speisen" am Programm. Wenn von Mittag noch Reste übrig geblieben sind, so werden die entweder weiterverarbeitet oder sie kommen kalt auf den Abendbrottisch. Aber natürlich zeigen die Köchinnen und Köche auch gerne, dass „kaltes Nachtmahl" mehr sein kann als ein Wurst- und Käseteller.

Warmes Nachtmahl

Im Stift Klosterneuburg wird zweimal in der Woche am Abend warm gegessen. Aber der Koch will seine Herren nicht Abend für Abend bei Wurstbrot sitzen lassen und lässt sich feine Speisen einfallen, die auch kalt serviert köstlich sind. Da gibt es Mozzarella mit Tomaten, Nudelsalat, Russisches Ei oder Schinkensülzchen in Essig und Öl. Wenn warmes Abendessen am Plan steht, bereitet er gerne ein „gesundes Nachtmahl".

Grießkoch

Oft als „Kinderspeise" abgetan, hat das Grießkoch – der Grießbrei – durch die Vollwertküche wieder ein besseres Image bekommen. Es ist gesund, leicht verdaulich, schmeckt gut und wärmt die Seele. Versuchen Sie doch einmal Vollkorngrieß oder Dinkelvollkorngrieß. Sie müssen nur bedenken, dass die Vollkornprodukte etwas mehr Flüssigkeit brauchen.

750 ml Milch, Prise Salz, 75 g Grieß

Milch salzen, in einem Topf zum Sieden bringen, Grieß unter ständigem Rühren einrieseln lassen. Vollkorngrieß muss länger köcheln, sollte der Brei zu dick werden, etwas Wasser nachgießen. Manche geben in das fertige Grießkoch gern ein Butterflöckchen. Kinder lieben es, wenn es mit Zimt und Zucker bestreut wird. Sogar geriebene Schokolade passt auf den Brei.

Grießschnitten *Die meisten Köchinnen und Köche bereiten das Grießkoch „nach Gefühl". Wenn „das Gefühl" nicht ganz passt, gießen sie ein wenig Milch nach, dann ein wenig Grieß, später wieder ein wenig Milch – und am Ende reicht das Grießkoch für eine achtköpfige Familie. In so einem Fall hebt man das restliche Grießkoch auf, rührt ein Ei ein, streicht die Masse auf ein Backblech und deckt alles mit einem Küchentuch zu. Am nächsten Tag schneidet man den kalten Brei in Schnitten. In einer Pfanne Öl erhitzen und die „Grießschnitten" von allen Seiten anbraten. Oder aber mit Öl bepinseln und im Backrohr backen. Man kann sie mit Zucker bestreuen und Kompott dazureichen. Mit geraffeltem Käse bestreut, serviert man sie zu Salat. Oder man reicht sie „neutral" zu Gemüse oder Tomatensoße.*

Im Kloster der Marienschwestern vom Karmel in Linz steht Schwester Serafine in der Küche. Die Marienschwestern betreiben und betreuen drei Kneipp-Kurhäuser in Ober- und Niederösterreich und leben selbst im Geiste der Traditionellen Naturheilkunde nach Pfarrer Kneipp. Auch die Arbeit im Kurhaus, sagt die Generaloberin Schwester Michaela, ist gelebte Spiritualität. Sie ist gelernte Krankenschwester, Heilmasseurin und „Bademeisterin" nach Kneipp. Wenn sie die Kurgäste mit dem Wasserstrahl behandelt, spürt sie dem Wesen des Wassers nach, das „den Körperteil umspült wie ein Mantel". Die Marienschwestern begegnen dem Wasser mit Ehrfurcht, auch den Heilpflanzen, den Nahrungsmitteln und allem, was Gott geschaffen hat. Die Schwestern im Kloster erfüllen auch im Alter ihre Aufgabe. Wenn andere in Pension gehen, wechseln sie zum Beispiel in die alternative Landwirtschaft wie Schwester Marianne. Auch Schwester Clara arbeitet in der Landwirtschaft. Auf dem biologisch geführten Hof der Marienschwestern – der „Bio-Meierei" – leben Schweine und Hühner und Bienen. Die Schwestern und ihre Gäste erhalten also Fleisch, Eier und Honig in bester Bio-Qualität. „Wir wollen Wertvolles anbieten" lautet eines der Grundprinzipien von Generaloberin Schwester Michaela, „wirklich Echtes und Gutes". Die Schwestern, die im Kloster in Linz leben, essen einfache und gute Kost. Abends wird darauf geachtet, dass der Magen nicht belastet wird. Es gibt Rahmsuppe oder Kürbissuppe, oft gibt es Grießkoch, Milchreis oder eine andere leichte, warme Süßspeise. Sonntags wird ein Wurstteller serviert, und manchmal, an Festtagen, setzt Schwester Serafine einen Jägerwecken auf den Speiseplan.

Milchreis

Für den Milchreis wird der Reis in leicht gesalzener Milch weich gekocht. Aber manchmal kommt es vor, dass Reis vom Mittagessen übrig bleibt. Dann wird der Milchreis aus diesem Reis bereitet, mit der Milch noch einmal aufgekocht, damit er noch weicher wird, und die Milch wird nicht gesalzen.

1 l Milch, 140 g Reis (gerne Vollkornreis), Prise Salz, Zucker und Zimt, vielleicht auch geriebene Schokolade zum Bestreuen, etwas Butter

---

Reis waschen und in der gesalzenen Milch langsam weich kochen. Wenn nötig, etwas Wasser nachgießen. Ist der Reis weich, wird er vom Herd genommen, zugedeckt und darf nachdünsten. Meist richtet man den Milchreis gleich in Schüsselchen an. Etwas Butter zerlassen und jeweils ein Löffelchen über den Milchreis gießen. Zucker und Zimt, vielleicht auch Schokolade auf den Tisch stellen, damit sich jeder seinen Milchreis selbst nach Wunsch bestreuen kann. Er schmeckt auch ohne Zucker gut.

Im Kloster Wernberg in Kärnten leben die Mariannhiller Schwestern vom Kostbaren Blut. Sie führen eine biologische Landwirtschaft und ernähren sich großteils von den Früchten, die sie selbst anbauen und ernten. Kaltes Abendessen gibt es im Kloster eher selten, dafür oft eine Speise, die typisch für Kärnten und Oberitalien ist: Polenta. Das ist eine gute Abendspeise, denn Polenta tut dem Magen und der Verdauung gut, wirkt insgesamt ausgleichend und beruhigend.
Im Kloster Wernberg kommt er in vielerlei Gestalt auf den Tisch – süß oder pikant, auch als Auflauf. Oder es gibt Polentaschnitten mit Käse oder Gemüse.
In jedem Fall gilt für diese Speisen einmal das Grundrezept.

Polenta

250 g Polenta (Maisgrieß), 1 l Wasser, etwas Salz

Wasser mit Salz in einem Topf zum Kochen bringen, den Maisgrieß einlaufen lassen und gut einrühren. Bei schwacher Hitze etwa 20 Minuten kochen, öfter umrühren, dass sich nichts anlegt. Danach zudecken und noch 10 Minuten nachdünsten lassen.

Für die einfachste Speise wird der Polenta als Brei gegessen. Will man süßen Polentabrei, kann man etwas Milch statt Wasser nehmen und vor dem Servieren einen Löffel Honig hineingeben.

Will man ihn als pikante Beilage (zu allen Speisen, wo Kartoffelpüree gereicht wird, passt auch pikanter Polenta-Brei), gibt man gegen Ende der Kochzeit ein nussgroßes Stück Butter dazu.

*Für **Polentaschnitten** wird dieser Brei weiterverarbeitet: Gekochten, mit etwas Butter verfeinerten Polentabrei auf ein Brett oder eine Arbeitsfläche streichen (etwa 2 cm hoch), kühl werden lassen. Kalt in Vierecke schneiden, diese in einer Pfanne mit heißem Öl auf beiden Seiten goldbraun braten.*
So zubereitet ist der Polenta eine gute Beilage für alle Fleischspeisen und Ragouts. In Kärnten wird er auch zu Gulasch gereicht, er eignet sich aber auch als eigenständige Speise, wenn man dazu Salat serviert.

***Polentaplätzchen mit Gemüse** („Platt'ln" heißt das in Kärnten) Gemüse nach Jahreszeit (z. B. 1 Karotte, 1 Zwiebel, 1 Handvoll grüne Erbsen, auch Brennnesselblätter oder Bärlauch), dazu Kräuter wie grüne Petersilie, Kerbel oder Salbei, etwas Salz, Pfeffer, geriebene Muskatnuss; Parmesan zum Bestreuen. Das Gemüse putzen und fein schneiden (Erbsen ganz lassen). Öl in einer Pfanne erhitzen, Gemüse andünsten, Gewürze dazugeben und alles gar, aber nicht zu weich kochen. Zuletzt die gehackten Kräuter unterrühren. Die Gemüsemasse mit dem Polentabrei vermischen. Mit einem nassen Esslöffel kleine Plätzchen abstechen und auf ein vorbereitetes Backblech setzen. Im vorgeheizten Backrohr backen, vor Ende der Backzeit etwas geriebenen Parmesan über die Plätzchen streuen und ein wenig überbacken.*

Süßer Polenta-Auflauf
eine feine Speise für den Abend

200 g Maisgrieß (Polenta), 250 ml Milch, 250 ml Wasser, Prise Salz, 2 Esslöffel Honig, 2 Eier, 2 Esslöffel Sauerrahm, ½ Teelöffel Zimt; 300–400 g Obst nach Jahreszeit (Äpfel, Birnen, Marillen Zwetschken). Beerenobst eignet sich nicht so gut, weil es zu schnell weich wird.

In einem Topf Wasser, Milch und Salz zum Kochen bringen, Maisgrieß einlaufen lassen, gut durchrühren und fünf Minuten köcheln lassen. Zudecken und fünfzehn Minuten stehen lassen. Obst vorbereiten (schälen, entkernen) und in Stücke schneiden wie für ein Kompott. In den Polentabrei Eier, Honig, Sauerrahm und Zimt einrühren. Eine Auflaufform mit Butter ausstreichen, mit Bröseln ausstreuen. Die Hälfte des Breis hineingeben, das Obst darauflegen und mit dem restlichen Brei bedecken. Im vorgeheizten Backrohr bei mittlerer Hitze etwa 20 Minuten backen. In Stücke teilen und servieren.

Polenta-Auflauf ist eine jener Speisen, die vorgekocht und später aufgewärmt werden können. Der Geschmack wird dadurch noch feiner.

Kloster-Strudel mit allem, was der Garten schenkt:

Ein Strudel, das ist eine besondere Speise. Unvorstellbar schwer erscheint er jenen, die noch nie einen selbst gemacht haben. Und „das Einfachste der Welt" allen erfahrenen Strudel-Köchinnen und -Köche.

Das Prinzip ist schlicht: „Strudel ist Verpackung für Fülle", sprach der österreichisch-ungarische Volkskundeprofessor Karoly Gaál, der sich intensiv mit der Sozialgeschichte der Ernährung beschäftigt hat. „Die Bäuerin macht ihn am Morgen, geht dann aufs Feld arbeiten und schiebt ihn Mittag nur mehr ins warme Backrohr. Sie braucht dazu nur Wasser und Mehl und Obst oder Gemüse, ein billiges Essen."

In einen richtigen Kloster-Strudel kommt das hinein, „was der Garten schenkt":
Im Mai entsteht aus Kirschen der berühmt-berüchtigte „Spuck-Strudel" (wer hätte je die Kirschen entkernt, dazu hat die Klosterköchin genauso wenig Zeit wie eine normale Hausfrau). Es folgen Marillenstrudel, Apfel-, Birnen-, Zwetschken-, Weintrauben- und Strudel mit gemischter Fülle.

Daneben wird der Strudel auch pikant gefüllt mit Kraut, Kohl, Spinat, Lauch, Erdäpfeln, Kürbis, Pilzen oder gemischtem Gemüse. Das Gemüse wird klein geschnitten, ein wenig in Öl angedünstet und gewürzt. Das Obst wird roh verwendet, Kirschen bleiben ganz, Marillen werden geviertelt, Äpfel in feine Scheiben geschnitten. Etwas in Butter geröstete Semmelbrösel sollen die Feuchtigkeit binden (oder auch Haferflocken) und auf Wunsch gibt ein bisschen Zucker zusätzliche Süße.

> ### ❋ *Altes Tischgebet für Kinder* ❋
>
> *Wir haben Suppe, wir haben Brot, und viele Arme leiden Not.*
>
> *Wir sind vergnügt und sind gesund, und viele sind oft krank und wund.*
>
> *Du lieber Gott, nimm unsern Dank, dass wir gesund sind und nicht krank.*
>
> **Friedrich Güll (1812–1879)**

Und nun die „Hülle":
Wenn es schnellgehen muss, nimmt man fertigen Strudelteig. Aber wer Lust hat, einen richtigen Strudel „auszuziehen", sollte sich nicht scheuen. Es geht ganz einfach. Sollte der Teig beim Ausziehen Löcher bekommen, verzweifeln Sie nicht. Ich habe meine Großmutter noch vor Augen: Sie hatte den Teig hauchdünn über den ganzen Tisch hinweggezogen, da entstand in der Mitte ein großes Loch. „Na geh"', sprach sie tadelnd zum Strudelloch, schnitt ein Stück Teig vom Rand ab, zog es über den Handrücken aus und flickte damit das Teigloch. „Na siehst"', sagte sie zufrieden. Und natürlich hat dann beim Backen alles gehalten.

Strudel wird vor allem als Abendessen in allen Klöstern regelmäßig gegessen. Er kann auch mittags vorbereitet werden und wird abends lauwarm oder etwas erwärmt genossen. Er gilt somit zwar als „kaltes Nachtmahl", ist aber dennoch im Sinne der heiligen Hildegard von Bingen eine „gekochte Speise". Im Stift Geras wird der Apfelstrudel aus Vollkornmehl bereitet und nicht gezuckert – die Äpfel, findet die Köchin, sind süß genug. Versuchen Sie es – ich denke, sie hat Recht.

Apfelstrudel

Die Mengen für diesen Strudel sind nur bedingt richtig, weil Apfel nicht Apfel ist und Strudelteig nicht Strudelteig. Aber im Prinzip kann man sich danach richten.

Für den Teig: 200 g (vorzüglich glattes) Mehl, eine Prise Salz, 1/16 l lauwarmes Wasser, 1 Ei, 1 Esslöffel Öl
Für die Fülle: 1 ½ kg Äpfel (beim Obststand kann man „Strudeläpfel" verlangen), ca. 100 g Semmelbrösel, 2 Esslöffel Butter, etwas Zucker für die Äpfel (1–2 Esslöffel), 1 Teelöffel Zimt, für besonders feine Strudel: ein paar Löffel gehackte Nüsse, 2 Esslöffel Rosinen, Butterflöckchen für den Strudel

Das Mehl auf eine Arbeitsfläche geben, in der Mitte eine Vertiefung machen und Salz, ein Ei und etwas vom Wasser dazu und alles einarbeiten. Das restliche Wasser nach und nach dazugeben, den Teig gut durchkneten, es soll ein weicher Teig entstehen. Der wird nun mit den Händen kräftig bearbeitet („Das beste Mittel, wenn dich Zorn plagt", sagt die Köchin). Kräftig kneten und „schlagen", wobei man den Teig tatsächlich auch auf das Brett schlagen kann. An sich arbeitet man beim Kneten gut mit den Handballen. Der Teig freut sich auch über einen Schuss Öl, den man dazugießt und gut einknetet. (Ölzugabe ist „Luxus", die alten Köchinnen schafften es auch ohne.) Den Teig mit einem Tuch zudecken und eine halbe Stunde rasten lassen.
In der Zwischenzeit die Apfelfülle vorbereiten: Äpfel schälen, Kerngehäuse entfernen und in feine Spalten schneiden (auch raffeln ist möglich, erfordert aber mehr Semmelbrösel, weil die Masse feucht wird). In einer Pfanne Butter zerlaufen lassen, Semmelbrösel sanft anrösten.
Nun wird der Teig ausgezogen. Sie benötigen eine Arbeitsfläche, am besten einen stabilen Tisch. Darauf wird ein Tuch gelegt – ein Tischtuch zum Beispiel, das zumindest so groß ist wie der Tisch. Ein bisschen Mehl daraufgeben und den Teig mit einem Nudelholz auf dem Tuch zu einem etwa tellergroßen Fleck auswalken. Jetzt wird mit den Händen gearbeitet. Und zwar so ähnlich, wie das der Pizzabäcker macht, wenn er seine Pizza schön groß und dünn bekommen will. Nur greift man am besten mit dem Rücken der einen Hand unter den Teig, greift mit der anderen Hand ebenfalls unter den elastischen Teig und zieht von der Mitte weg vorsichtig Richtung Tischkante. Dabei darauf achten, dass der Teig gleichmäßig ausgezogen wird. Die Anweisung der alten Köchinnen hieß: „Man muss eine Zeitung darunter lesen können". So dünn müssen Sie den Strudel nicht ausziehen, das kommt dann mit der Zeit. Sollte es einmal gar nicht gut gelingen, kneten Sie den Teig noch einmal zu einer Kugel, begießen ihn ein wenig mit Öl und lassen ihn noch eine halbe Stunde stehen. Dann noch einmal von vorne.
Ist der Teig ausgezogen, werden zwei Drittel des Teiges mit Äpfeln belegt, Zimt und Zucker und auch die gerösteten Brösel darübergestreut, evtl. noch mit Nüssen und Rosinen verfeinert. Achten Sie beim Belegen des Teiges darauf, dass Sie ihn einrollen wollen. Sie müssen also die Ränder freilassen. Fachleute schneiden nun den dicken Rand mit einem scharfen Messer ab und heben den Teigrest auf. Die Ränder werden eingeschlagen. Nun kommt das Tischtuch zum Einsatz: Um den dünnen Teig nicht zu verletzen, heben Sie das Tischtuch und rollen damit den Teig vor sich her, in Richtung der freigelassenen Teigfläche. Nun sollte der Strudel vor Ihnen liegen wie ein gefüllter Ärmel oder eine riesige Wurst. Mithilfe des Tischtuchs kann man Strudel auf das vorbereitete Backblech legen, in die richtige Position rollen, denn die Naht sollte unten zu liegen kommen. Entweder setzen Sie jetzt Butterflöckchen auf den Strudel oder sie bepinseln ihn mit zerlassener Butter. Im Backrohr etwa 30 Minuten bei mittlerer Hitze backen.

Aus den Teigresten wird die Suppeneinlage für den nächsten Tag bereitet:
Wasserspatzen, *das sind kleine Nockerln, die in die Suppe eingekocht werden und nach ein paar Minuten sieden fertig sind. Sie passen auch gut in eine Gemüsesuppe.*

Mohnnudeln aus Erdäpfelteig ("Mohnwuzerln")

Bei den Zisterzienserschwestern vom Kloster Marienkron in Mönchhof stehen die Mohnnudeln abends am Speiseplan.

Nudelteig: 1 kg gekochte Kartoffeln, 1 Prise Salz, 200 g Kartoffelmehl, 1 Handvoll Grieß. Salz für das Kochwasser.
Mohnmischung: 150 g geriebener Mohn, 1 Esslöffel Zucker, 1 Esslöffel Butter, Zucker zum Bestreuen

Für die Mohnmischung: In einer Pfanne Butter zerlaufen lassen, Mohn hineingeben und kurz durchschwitzen, dann den Zucker hineinrühren und beiseite stellen.
Für die Nudeln: Kartoffeln schälen und pressen (Kartoffelpresse) oder fein faschieren. Wenn die Kartoffeln noch heiß sind, geht das Pressen am besten. Danach ein wenig warten, bis die Kartoffeln überkühlt sind.
In einer großen Schüssel oder auf einer Arbeitsfläche die gepressten Kartoffeln mit Mehl, Salz und Grieß zu einem Teig vermengen, gut durchkneten. Den Teig in mehrere Teile teilen, aus jedem Teil eine Rolle formen. Von den Rollen Stücke abtrennen (etwa 5 cm lang) und mit den Händen Würstchen, die sogenannten "Wuzerln", oder Nudeln formen. Wasser mit einer Prise Salz zum Kochen bringen, die Nudeln hineingeben und etwa 8 Minuten sieden. Danach vorsichtig herausnehmen, abtropfen lassen und in die Mohnmischung geben. Gut durchschwenken, bis alle Wuzerln mit Mohn bedeckt sind. Vor dem Servieren mit Zucker bestreuen. Dazu serviert man in Marienkron Apfelmus.

Bratäpfel

Schwester Kornelia im Kloster Habsthal richtet sich beim Kochen auch nach den Grundsätzen der Ernährungslehre der Traditionellen Chinesischen Medizin, die dem Denken der Hildegard von Bingen sehr ähnlich ist. Diese Bratäpfel werden mit Mandelmus gefüllt, aber nicht extra gezuckert.

1 Apfel pro Person, 1 Teelöffel fein gehackte Walnüsse, Prise Salz, 1 Teelöffel Kakao, 1 Teelöffel Rosinen, etwas Apfelsaft und 1 Löffel Mandelmus, ein Butterflöckchen, Butter für die Form

Den Apfel waschen, trocken reiben, den Deckel abschneiden, beiseite legen, dann das Kerngehäuse von oben vorsichtig herausstechen. Alle Zutaten in einem Schüsselchen vermischen. Die Äpfel damit füllen, Deckel daraufsetzen. Auflaufform mit Butter bestreichen (oder Backblech mit Backpapier belegen), den Apfel daraufsetzen, mit Butterflöckchen bedecken und im vorgeheizten Rohr bei mittlerer Hitze etwa 20 Minuten braten.

TIPP *Wer den Zucker nicht aus seiner Küche "verbannt" hat, kann vor dem Füllen ein Stück Würfelzucker in den Apfel stecken und dann noch eines obendrauf.*

Erdäpfelgratin

Ca. 750 g Erdäpfel, Butter und Brösel für die Form, etwas Salz und Pfeffer, 250 ml Schlagobers, etwas Muskatnuss, Butterflöckchen

Die gekochten und geschälten Erdäpfel in nicht zu dünne Scheiben schneiden. Eine feuerfeste Form mit Butter und Bröseln auskleiden, die Erdäpfelscheiben dachziegelartig einschichten, etwas Salz, Pfeffer und Muskat darüberstreuen. Das Schlagobers über die Erdäpfel gießen. Ein paar Butterflöckchen oben daraufsetzen und im vorgeheizten Rohr überbacken.

Variation *Unter das Gratin kann man auch etwas Wurstwürfel oder Speckwürfel mischen.*

Heurige Kartoffeln

Wenn die ersten jungen Kartoffeln geerntet werden, passt abends diese schlichte und wirklich köstliche Speise.

Die Kartoffeln werden gut abgewaschen, gekocht und kommen mit der Schale auf den Tisch.
Dazu gibt es Butter und Salz. Die Butter streicht sich jeder nach Belieben auf seine Kartoffeln.
Das Schöne an diesem Essen ist, dass es so einfach ist. Da wird einem wieder bewusst, wie eine Kartoffel schmeckt, deren Geschmack nicht mit allerlei Zutaten zugedeckt worden ist.
Für den Fall, dass Sie eine alte Tradition aus dem bäuerlichen Umfeld wieder aufleben lassen wollen – wer zum ersten Mal in einem Jahr „Heurige Kartoffeln" isst, muss seinen Tischnachbarn ins Ohrläppchen zwicken. Warum das so ist, habe ich nie verstanden. Vielleicht finden Sie es heraus!

Backofen-Kartoffeln

Kartoffeln, Salz, auf Wunsch etwas Butter

Kartoffeln waschen, nicht schälen. Abtrocknen und in ca. ½ cm dicke Scheiben schneiden. Backrohr vorheizen, Backblech mit Backpapier belegen und die Scheiben darauflegen. Bei mittlerer Hitze etwa 15 Minuten backen, bis sie durch sind. Die Scheiben werden bei Tisch gesalzen und auf Wunsch mit ein wenig Butter bestrichen, aber das tut dann jede und jeder selbst.

In der Klosterschenke des Klosters Weltenburg – der Abtei zum heiligen Georg – werden schlichte Ofenkartoffeln angeboten. Allerdings zaubert der Koch mit ein bisschen Schinken und Käse daraus ein wirklich feines Nachtmahl:

Ofenkartoffeln mit Klosterkäse

4 große Kartoffeln, etwas Öl, 12 Scheiben Wacholderschinken, 2 Stück Weltenburger Klosterkäse in Scheiben, 250 g Quark, 250 g Sauerrahm, 2 Zehen Knoblauch, 1 Zitrone, Salz, Pfeffer, Petersilie, Schnittlauch

Die Kartoffeln waschen, mit einer Gabel mehrfach einstechen (dann werden die großen Kartoffeln schneller gar) und rundum mit Öl bestreichen. In Alufolie einwickeln – „wie ein Bonbon", sagt der Koch der Klosterschenke. Im vorgeheizten Backrohr bei ca. 190 Grad backen, je nach Größe dauert das 1–1½ Stunden. In der Zwischenzeit in einer Schüssel die Creme rühren: Quark mit Sauerrahm, Zitronensaft, Salz, Pfeffer, gehackter Petersilie, fein geschnittenem Schnittlauch durchrühren und Knoblauch hineinpressen. Wenn die Kartoffeln gar sind, nimmt man sie aus dem Ofen, schlägt die Folie zur Hälfte um (Vorsicht beim Öffnen – heißer Dampf). Jede Kartoffel wird mit reichlich Klosterkäse belegt, dann kommen sie noch einmal ins Backrohr und werden bei Oberhitze ein paar Minuten gegrillt. Nun wird angerichtet: die Schinkenscheiben auf vier Tellern verteilen („Schinkenbett"), Kartoffeln daraufsetzen und dazu eine schöne Portion Kräuterquark.

"Kinder, habt ihr nicht etwas zu essen hier?" Der Zisterziensermönch Pater Karl über Jesus' Worte zum Thema Essen: „Weil ich so gerne esse, bin ich froh, dass ich Christ bin. Denn Jesus liebt Essen und Mähler! Freilich kannte Jesus auch das Fasten, aber er ist kein Hungerasket, wie so viele Texte der Bibel erzählen: Da verwendet Jesus oft und oft das Gleichnis vom königlichen Hochzeitsmahl als Bild für den Himmel, da wirkt er Wunder, um 5000 Zuhörer sattzumachen; und überhaupt hat er ja sein erstes Wunder auf der Hochzeit zu Kana gewirkt und Wasser in Wein verwandelt. Und wir finden Jesus gleichsam dauernd bei Gastmählern, zu denen er sich einladen lässt – sogar von Pharisäern, Zöllnern und Sünderinnen! Die erste Frage, die er nach der Auferstehung seinen Jüngern stellt, lautet: ‚Kinder, habt ihr nicht etwas zu essen hier?' Und schließlich besteht die Eucharistie, also das wichtigste Sakrament, das Jesus uns geschenkt hat, darin, dass er selbst sich uns zur Speise gibt. Darum meine ich, dass wir die himmlische Speise, die Jesus uns gibt, nur dann würdigen können, wenn wir auch die irdische Freude verstehen, die Gott uns durch gutes Essen und frohe Mahlgemeinschaft schenkt."

Pater Karl ist Rektor der Hochschule des Stiftes Heiligenkreuz im Wienerwald. Schon in seiner Kindheit hat er gern gekocht und gebacken. In den sieben Jahren, in denen er Pfarrer war, hat er sich öfters selbst versorgt. In der großen Stiftsküche, in der für etwa 150 Personen gekocht wird, ist für die Mönche kein Platz mehr hinter dem Herd. Aber einige seiner Lieblingsrezepte gibt Pater Karl gern preis.

Pater Karls Kloster-Sterz

Ein einfaches Rezept für ein schnelles, schlichtes und gutes Mahl.

400 g griffiges Mehl, 750 ml Wasser, etwas Salz, 150 g Speck, in Würfel geschnitten, eine Handvoll Grammeln oder 1 Esslöffel Schmalz

Zuerst Grammeln in einer Pfanne langsam anrösten. (Nicht zu dunkel!)
Nun zum Sterz: Verwenden Sie eine Kasserolle oder Pfanne, in der sich das Mehl nicht anlegt. Kasserolle auf dem Herd gut erhitzen, Mehl eingießen und unter ständigem Rühren sehr heiß werden lassen. Vorsicht, es soll nicht braun werden! Nach und nach gesalzenes Wasser dazugeben, dabei immer gut weiterrühren. Am besten mit einer Gabel rühren, damit kleinere und größere Brocken entstehen. Zum Schluss gibt man Speckwürfel, Schmalz oder stattdessen angeröstete Grammeln dazu.

Saure Rahmsuppe

Die Marienschwestern vom Karmel in Linz essen gerne Rahmsuppe zum Nachtmahl.

750 ml Wasser, etwas Salz und Pfeffer, 1 Esslöffel Kümmel, 250 ml Sauerrahm, 2 Esslöffel Mehl, etwas geriebene Muskatnuss, auf Wunsch 1 Spritzer Essig

Das Wasser in einem Topf mit Salz, Pfeffer und Kümmel zum Kochen bringen. In der Zwischenzeit den Sauerrahm mit dem Mehl verrühren, sodass eine glatte Masse ohne Bröckchen entsteht. Diese Mischung wird nun langsam in das siedende Wasser eingerührt, am besten geht das mit einem Schneebesen. Nun aufkochen und ein paar Minuten köcheln lassen. Muskatnuss dazugeben, abschmecken. Ein Spritzer Essig macht die Suppe pikant.

Gemüselaibchen

Es gibt Speisen, bei denen kann die Köchin oder der Koch nach Lust und Möglichkeiten das Rezept stets neu erfinden. Je nachdem, welches Gemüse gerade vorrätig ist. Gemüselaibchen können aus einer Kombination von Kartoffelpüree oder Haferflocken und gekochtem Gemüse bereitet werden. Wichtig ist nur, dass das Gemüse entweder faschiert oder klein geschnitten wird.

350 g Kartoffeln, 350 g gekochtes Gemüse, 2 Eigelb, 2 Esslöffel Haferflocken, etwas Salz, Pfeffer und Muskatnuss, etwas Öl, eventuell Brösel zum Binden der Masse, Öl zum Herausbacken

Gekochte Kartoffeln und gekochtes Gemüse faschieren und in eine Schüssel geben. Eigelb, Gewürze und Haferflocken untermischen, gut durcharbeiten. Die Masse eine halbe Stunde stehen lassen. Dann daraus Laibchen formen. Sind sie zu weich, etwas Brösel zusetzen. Die Laibchen werden in einer Pfanne mit Öl auf beiden Seiten herausgebacken. Oder aber auf ein Backblech gesetzt und im Backrohr gebacken, dabei ein wenig mit Öl bepinseln. Zu den Gemüselaibchen passt Salat.

Oder wie im Stift Klosterneuburg:
Kümmelsoße

40 g Butter, 40 g Mehl, 250 ml Milch, 250 ml Gemüsebrühe, etwas Salz, 1 Esslöffel Kümmel

In einem Topf Butter zerlassen, Mehl einrühren, anschwitzen und gut durchrühren. Mit Milch aufgießen, Gemüsebrühe dazugeben, gut umrühren, damit keine Klümpchen entstehen. Salz und Kümmel beifügen und etwa 8 Minuten sanft köcheln lassen.

TIPP *Wenn Sie keinen Kümmel mögen, können Sie den Kümmel auch durch fein gehackte Kräuter ersetzen. Diese aber nicht so lange kochen lassen, sondern erst gegen Ende beifügen.*

Zucchinipfanne

Zucchini sind in allen klösterlichen Gemüsegärten zu finden. Wo sie sich wohlfühlen, bringen sie reiche Ernte und kommen beinahe täglich auf den Tisch.

700 g Zucchini, 2 Schalotten (oder 1 kleine Zwiebel), 2 Knoblauchzehen, Öl für die Pfanne, etwas Kräutersalz, Pfeffer, frische Kräuter (z. B. Koriander, Petersilie, Estragon, Borretsch), ein paar Cocktailtomaten, ½ Becher Sauerrahm, auf Wunsch geröstete Nüsse (Sonnenblumenkerne, Pinienkerne)

Zucchini waschen, in nicht zu dünne Scheiben schneiden. Schalotten schälen und fein hacken, Knoblauchzehen schälen und in Scheiben schneiden. Schalotten und Knoblauch in einer Pfanne in heißem Öl sanft anrösten, bis sie glasig werden. Dann erst die Zucchinischeiben dazugeben, würzen und gut durchschwitzen. Die Tomaten halbieren, dazugeben und mitdünsten. Zuletzt frische gehackte Kräuter und den Sauerrahm unterrühren. Sehr fein wird die Pfanne, wenn man zuletzt ein paar geröstete Nüsse darüberstreut.

TIPP *Abends gibt es dazu meist Weißbrot, es passen aber auch Teigwaren oder ein paar Kartoffeln.*

❖ **Ernährungsballade** ❖

Genieße, was die Jahreszeit mit sich bringt:
Radieschen, Erdbeeren, grüne Erbsen und Pflaumen;
Was der Veränderung in Sonne und Luft entspringt,
Ist stets das Beste für deinen gebildeten Gaumen …

Frank Wedekind (1864–1918)

Dinkelreispfanne *oder Risotto*

Eine Speise aus gekochtem Getreide ist auch am Abend eine Wohltat für den Körper. In vielen Klöstern wird ein Risotto heute aus Dinkelreis bereitet. Hildegard von Bingen empfiehlt dieses Korn, weil es Leib und Seele wärmt und die Verdauung stärkt. Außerdem wird Dinkel, der zur Familie der Weizenkörner gehört, auch in vielen landwirtschaftlichen Betrieben der Klöster angebaut. Klosterküche und Dinkel – das gehört zusammen.

Das Risotto besteht aus Dinkelreis und den Gemüsen der Jahreszeit. Das folgende Rezept soll nur zur Anregung dienen – lassen Sie Ihrer Fantasie freien Lauf. Sie müssen nur die unterschiedlichen Garzeiten der Gemüsearten bedenken und diese dementsprechend später zugeben.

1 Zwiebel, 1 Esslöffel gutes Öl (z. B. Sonnenblumen-, Raps-, Olivenöl), 200 g Dinkelreis, ¼ l Weißwein (Wenn Sie Gemüsebrühe haben, kochen Sie den Reis darin, ansonsten nehmen Sie ¼ l Wasser). 200 g Karotten, 200 g Kürbis oder Zucchini, 2 Handvoll frische Kräuter, Salz, Pfeffer, Muskatnuss, Parmesan zum Bestreuen

Zwiebel schälen und fein hacken, Öl in einer Pfanne erhitzen, Zwiebel andünsten. Den Dinkelreis dazugeben, gut umrühren, bis er glasig wird. Mit Weißwein aufgießen, etwas Wasser oder Gemüsebrühe dazugeben. Den Dinkelreis sacht köcheln lassen, sooft wie nötig Wasser (Gemüsebrühe) zugießen, bis der Dinkelreis langsam weich wird. In der Zwischenzeit das Kürbisfleisch kleinwürfelig oder in Streifen schneiden, Karotten putzen und raspeln. Kräuter fein hacken. In einer anderen Pfanne Öl erhitzen, das Gemüse andünsten, Salz, Pfeffer, Muskatnuss dazugeben. Wenn der Dinkelreis nicht mehr lange braucht, gibt man das Gemüse dazu, vermischt alles vorsichtig, mengt die Kräuter bei und dünstet den Dinkelreis fertig.
Bei Tisch mit geriebenem Parmesan bestreuen.

In den meisten Klöstern gibt es einen Speiseplan für die ganze Woche, manche machen den Plan sogar für ein Monat. Bei den Mariannhiller Schwestern vom Kostbaren Blut in Kärnten ist das anders. Zwar, so sagt Schwester Marie Luise, gibt es einen Speiseplan. Der aber gilt nur als „Grundkonzept", denn – Mutter Erde mischt sich ein: „Wenn im Sommer das Wetter umschlägt und wir müssen den Spinat ernten, dann wird eben Spinat gekocht. Oder Regen ist angesagt, dann werden die Tomaten geerntet, damit sie nicht aufplatzen, und wir verkochen sie. Dann gibt es Sugo oder Tomatensalat, -suppe oder -soße. Wenn der erste Herbstwind die Äpfel abwirft, gibt es Apfelstrudel." Und so wissen die Schwestern beim Essen auch stets, wie es um den Garten und die heurige Ernte bestellt ist.

Was vom Tag übrig ist: „Reste-Essen"

Früher war es in den Familien selbstverständlich, die Reste des Mittagmahls abends zu essen. Da wurde Fleisch kalt in Scheiben geschnitten und zu Brot gegessen, wurden Fleisch- oder Gemüsetöpfe wieder erwärmt, aus Resten eine neue Speise gezaubert. In der Klosterfamilie ist diese Tradition noch lebendig. Es kommt sogar recht oft vor, dass am Abend das gegessen wird, was mittags übrig geblieben ist. Die praktische Köchin arbeitet auch manchmal darauf hin, indem sie ein wenig mehr kocht und die Reste für das Abendessen verarbeitet. Sie kann dadurch Zeit und Geld sparen, beides ist knapp ...

Tomatensoße

Die Reste vom Tomatensalat dienen als Basis für diese Soße: Salat in ein Sieb geben und gut abtropfen lassen, in einen Topf geben, mit Wasser aufgießen und gut durchköcheln. Abschließend passieren. Obenauf passt ein Klacks Sauerrahm, dazu passen Salzerdäpfel oder auch kleine Nockerln.

Kartoffelnockerln

Aus Resten von Kartoffelpüree kann man Nockerln machen: Man fügt dem kalten, fest gewordenen Püree ein Ei bei, gibt etwas Mehl dazu, sodass ein nicht allzu fester Teig entsteht. Gewürzt wird mit etwas Salz und gemahlener Muskatnuss. Den Teig zehn Minuten rasten lassen. Mit einem Löffel kleine Nockerln aus dem Teig stechen und im siedenden Wasser ein paar Minuten ziehen lassen. Man kann die Nockerln auch backen: in eine Pfanne mit Öl legen und ins vorgeheizte Backrohr stellen. Während des Backens ein paar Mal bewegen. Wenn die Nockerln rundum goldbraun sind, herausnehmen. Sie schmecken gut zu Salat.

Nudelsalat

Wenn gekochte Teigwaren – Nudeln, Hörnchen, Spiralen – vom Mittagessen übrig sind, bereitet man daraus einen feinen Nudelsalat. Zu den gekochten Teigwaren kommt gekochtes oder frisches Gemüse (hier passt alles: Gurken, Paradeiser, Paprika, gekochte Karotten und Erbsen …), frische Kräuter. Über all das eine Marinade aus Joghurt oder Sauerrahm, evtl. 1 Esslöffel Mayonaise, etwas Salz und Pfeffer.

Rindfleischsalat

Bleibt vom Mittagessen Rindfleisch über, schneidet man es in nicht zu dünne Streifen und gibt eine fein gehackte Zwiebel, Salz, Pfeffer und eine Marinade aus Essig und Öl dazu.
Beim Anrichten wird der Salat mit Essiggurkerln, einem gekochten Ei und Schnittlauch garniert. Auch ein klein gehackter Apfel, gekochte grüne Fisolen und/oder gekochter Sellerie passen gut zum Rindfleischsalat.

Gemüsesuppe

Übrig gebliebenes Gemüse ist die Basis für eine Gemüsesuppe. Meist genügt es, das Gemüse mit Wasser aufzugießen und kurz sanft zu köcheln, dann einen halben Becher Sauerrahm mit einem Löffel Mehl verrühren und die Mischung in die nicht mehr kochende Suppe sprudeln.

Gemüse-Omelette

Übrig gebliebenes Gemüse als Füllung für Omeletten verwenden.

Pro Person rechnet man 1–2 Eier, 1 Teelöffel Mehl, 2 Esslöffel Milch, Prise Salz

Diese Zutaten werden wie für eine Eierspeise mit einer Gabel fest verschlagen. Das Gemüse wird getrennt gut erwärmt. In einer Pfanne Öl heiß werden lassen, jede Omelette zubereiten. In das heiße Öl die Eiermischung gießen, sodass sie nach allen Seiten gut verläuft. Sanft anbacken. Wenn die Masse an der Oberseite noch weich ist, das Gemüse auf eine Seite legen, die zweite Hälfte der Omelette darüberschlagen und vorsichtig aus der Pfanne heben.

Auf diese Weise kann man auch **Pilz-Omeletten**, **Kräuter-Omeletten** *oder* **Schinken-Omeletten** *bereiten.*
Für die Pilz-Omeletten werden Pilze geputzt, geschnitten und in Butter angedünstet, gesalzen und gepfeffert. Die Kräuter-Omeletten werden mit reichlich frischen Kräutern bestreut, für die Schinken-Omeletten der Schinken in Streifen geschnitten und auf den Omelettenteig gelegt, den man dann zusammenklappt.

Fleischaufstrich

Fleischreste vom Braten, vom gedünsteten oder gekochten Fleisch werden faschiert. Dazu mischt man 1–2 fein gehackte Zwiebeln, vorsichtig Pfeffer und Salz und garniert den Aufstrich mit Essiggurkerln. Unbedingt abschmecken – wenn der Braten würzig ist, braucht der Aufstrich vielleicht kein weiteres Gewürz. Wenn der Aufstrich nicht gut streichfähig ist, einen Löffel Topfen unterrühren.

Klosterneuburger Knödel

Diese Knödel sind eigentlich Scheiben oder Schnitten, sie werden wie Serviettenknödel bereitet, den Klosterneuburger Knödeln wird aber dazu gehackter Schinken beigemischt. Für die Knödel verwendet man altbackene Semmeln oder Weißbrot.
Viele Menschen scheuen sich davor, Serviettenknödel zu machen. Wenn Sie es einmal versuchen, werden Sie staunen, wie einfach das geht.

4 altbackene Semmeln, 2–3 Eidotter, 250 ml Milch, etwas Salz, 1 Zwiebel, Butter zum Anrösten, gehackte Petersilie, etwa 300 g gewürfeltes Selchfleisch oder Schinken (gerne auch mehr), etwas Salz für das Kochwasser und eine Stoffserviette oder ein Küchentuch, Bindfaden

Semmeln in kleine Würfel schneiden, in eine Schüssel geben. Milch, Eidotter und Salz verquirlen und über die Würfel gießen. 15 Minuten stehen lassen. Zwiebel abziehen und klein schneiden. Butter in einer Pfanne erhitzen und Zwiebel goldgelb anrösten, Selchfleisch und Petersilie dazugeben, anschwitzen, etwas überkühlen lassen. Alles miteinander mischen, gut durcharbeiten und noch einmal 15 Minuten rasten lassen.
Sollte Ihnen der Teig zu feucht vorkommen, geben Sie einen Esslöffel Grieß dazu, der entzieht die Feuchtigkeit.
In einem möglichst breiten Topf Wasser mit etwas Salz zum Sieden bringen. Aus dem Teig eine Rolle formen. Ein Küchentuch oder eine Stoffserviette in heißes Wasser tauchen, auswinden, auf ein Brett legen und die Teigrolle darin einrollen. An jedem Ende mit einem Bindfaden abbinden. (Sieht aus wie eine Nackenrolle.) Die Rolle in das siedende Wasser legen und 30 Minuten gut ziehen, aber nicht aufwallen lassen. Danach herausnehmen, Faden aufschneiden, Tuch öffnen, Knödel in fingerdicke Scheiben schneiden und anrichten. Dazu passt Salat oder Gemüse.

« Augustiner-Chorherrenstift Klosterneuburg

„Kaltes Abendessen" – „Schnelle Küche"

Abends gibt es kein großes „Buffet", sondern eine oder vielleicht zwei Speisen: Aufstrich oder Leberpastete, Brot und Käse oder auch einmal einen Wurstteller. Gerne wird auch Toast gereicht.

Kalte Gurkensuppe

2 mittlere Gurken, 1 Knoblauchzehe, etwas feines Öl zum Anschwitzen, 300 ml Gemüsebrühe, 300 ml Milch, gehackte Dille, Kerbel oder Petersilie, Salz, Pfeffer, ½ Becher Sauerrahm

Gurken waschen, der Länge nach halbieren und Kerne entfernen. Kleinwürfelig schneiden. Knoblauchzehe abziehen. Öl in einem Topf erhitzen, Gurken hineingeben, Knoblauch dazupressen und anschwitzen, mit Gemüsebrühe aufgießen, würzen und auf kleinster Flamme zehn Minuten sanft kochen. Milch dazugießen, einmal aufkochen, von der Flamme nehmen und abkühlen. Sauerrahm unterrühren, gehackte Kräuter darüberstreuen.

Paradeiser *mit Schafkäse*

10 reife Paradeiser, 400 g Schafkäse, 1 Kopf Salat (z. B. Lollo Rosso). Kräuterdressing: verschiedene Kräuter (z. B. Pfefferminze, Rosmarin, Thymian, auch Brennnessel, Schnittlauch, Petersilie), ⅛ l Olivenöl, ¹⁄₁₆ l Apfelessig, 2 Knoblauchzehen fein gehackt, Salz, Pfeffer, Kresse zum Bestreuen

---

Kräuter fein hacken, mit Olivenöl, Essig und Knoblauch gut vermengen und aufschlagen, mit Salz und Pfeffer abschmecken. Beiseite stellen und nachziehen lassen.
Salat waschen, gut abtropfen und in mundgerechte Stücke zupfen. Jede Portion auf einem Teller anrichten.
Paradeiser waschen und in dünne Scheiben schneiden, Stielansätze herausschneiden. Schafkäse ebenfalls in dünne Scheiben schneiden, Paradeiser und Schafkäse abwechselnd auf die Teller legen. Nun das Kräuterdressing über Schafkäse und Paradeiser träufeln und alles mit frischer Kresse bestreuen.

TIPP *Zum Beträufeln von Früchten und Schafkäse verwendet der Klosterkoch auch gerne Kräuterpesto, dazu mischt er einen guten Schuss Apfelessig und rührt alles kräftig durch.*

Bunter Toast

Toastbrot, 40 g Butter, 40 g Mehl, 250 ml Milch, Salz, Pfeffer, etwa 120 g Wurst, würfelig geschnitten, etwa 100 g Käse, evtl. 1 Paprika, 2 Tomaten, 1 Essiggurke

---

Butter in einem Topf zerlaufen lassen, Mehl einrühren, durchrühren und mit Milch aufgießen. Salzen, pfeffern, ein paar Minuten köcheln, dann kühl werden lassen. Die gewürfelte Wurst und das klein gehackte Gemüse und die Essiggurke untermischen. Mit dieser Béchamelsoße die Toasts bedecken. Obenauf kommt der geriebene Käse, dann werden die Toastbrote im Rohr überbacken.

TIPP *Für den Toast eignet sich auch Schwarzbrot. Mit Toast kann man nie in Verlegenheit kommen. „Den kann man mit beinahe allem belegen, was im Kühlschrank zu finden ist", meint die Köchin.*

Pizza-Toast

8 Scheiben Toastbrot, 1 kleines Glas Mayonaise, ein paar eingelegte Pfefferoni, einige eingelegte Champignons, 4 mittelgroße Paradeiser, 2 Schalotten (oder 1 kleine Zwiebel), 12 Blatt Schinken, 8 Blatt Käse (z. B. Gouda oder Emmentaler, auch Mozzarella), etwas Salz, 1 Esslöffel fertiges Pizzagewürz (oder Oregano, Rosmarin, Basilikum)

Die Toastbrotscheiben dünn mit Mayonaise bestreichen. Pfefferoni und Champignons gut abtropfen lassen, von den Paradeisern den Stielansatz herausschneiden, von den Schalotten die Schale abziehen. Nun werden Gemüse und Schinken in kleine Würfel geschnitten, Salz und Gewürz beigemengt und alles vorsichtig durchgemischt. Mit dieser Masse die Toastbrotscheiben belegen, obenauf kommt eine Scheibe Käse, Toasts auf ein Backblech legen und im vorgeheizten Backrohr überbacken.

Aufstriche zum Nachtmahl

Im Stift Geras ist auch ein kaltes Nachtmahl gesund. Frau Elisabeth, die begeisterte Vollwertköchin, hält ihren Ernährungsplan auch beim Abendessen strikt ein. Aufstriche rührt sie selbst und achtet, dass die Herren Prämonstratenser-Mönche genug Vitamine bekommen.

Die Aufstriche kommen entweder in ein Schüsselchen, dazu wird Vollkornbrot gereicht. Oder aber man höhlt ein längliches Gebäck – z. B. ein kleines Baguette – aus, füllt es mit dem Aufstrich, stellt es ein wenig kühl und schneidet es dann in Scheiben. Das sieht sehr hübsch aus.

> ❖ **Aus einem alten Kochbuch** ❖
>
> **Toleranz-Aufstrich**
>
> 100 g Butter, 150 g Topfen, ⅛ l Sauerrahm, ein wenig Salz, Kümmel miteinander vermischen.
>
> Richte den Käse auf einer Glasschüssel erhöht an und gib ihn mit Schnittlauch bestreut zu Tisch.

Liptauer-Aufstrich

100 g Butter, 250 g Topfen, 1 kleine Zwiebel, 2 Esslöffel Sauerrahm, 1 Teelöffel Senf, Salz, Pfeffer, Kümmel, 8 Kapern, 1 Teelöffel Paprika edelsüß, eventuell: 2 Paprika (rot, grün oder gelb)

Butter schaumig rühren, Topfen dazugeben und gut verrühren. Fein gehackte Zwiebel, Sauerrahm, Gewürze und auch die gehackten Kapern beifügen. Der Aufstrich kommt in ein Schüsselchen und wird kühl gestellt.

TIPP *Wenn man den Aufstrich auf einem Käseteller anrichten möchte, kann man ihn in die Paprika füllen. Dazu müssen die Paprika entkernt werden, der Liptauer wird gut hineingepresst und kommt für eine Stunde in den Kühlschrank.*
Vor dem Servieren mit einem scharfen Messer den gefüllten Paprika in Scheiben schneiden. So erhält man Liptauer-Ringe.

Kürbis-Apfel-Aufstrich

Gesund, einfach und ideal für alle, die Kürbisse im Garten haben.

2 Teile Kürbis, 1 Teil Apfel, etwas Salz, 1 Zimtrinde, 1 Löffel Mandel- oder Sesammus

Kürbis schälen, entkernen und würfelig schneiden. Äpfel entkernen und in grobe Würfel schneiden. Beides mit etwas Wasser in einen Topf geben, Salz und Zimtrinde dazu und alles sanft köcheln, bis die Früchte ganz weich sind. Das Sesam- oder Mandelmus beifügen, umrühren. Zimtrinde herausnehmen und die Masse passieren oder pürieren.

TIPP *Sollte der Aufstrich zu weich sein, kann man einen Löffel Topfen dazugeben.*

Erdäpfelkas

In der Kuranstalt der Barmherzigen Brüder in Schärding am Inn bereitet der Koch diesen ganz besonderen „Käse" aus Kartoffeln und Topfen, der sehr fein schmeckt.

500 g gekochte Kartoffeln, 100 g Butter, 125 g Topfen, ½ Becher (75 ml) Sauerrahm, 1 Esslöffel frische gehackte Kräuter, etwas Salz, Pfeffer, Rosenpaprika, ½ Zwiebel, fein gehackt, zum Bestreuen Schnittlauch

Kartoffeln schälen und am besten heiß durch die Kartoffelpresse drücken, danach abkühlen lassen. Nun kommen die anderen Zutaten dazu, werden gut durchgearbeitet und sollen für zwei Stunden rasten.
In Schüsselchen anrichten, mit fein gehacktem Schnittlauch bestreuen.
Den „Erdäpfelkas" kann man pur essen oder auch auf ein Brot streichen.

Spinat-Aufstrich

Blattspinat (etwa 200 g tiefgekühlt oder eine Schüssel frischer Blätter), 1 Knoblauchzehe, Salz, Pfeffer, Muskat oder gehackte Pfefferminze, 250 g Topfen, eine gute Geschmacksnote gibt ein kleines Stück Schafkäse. (Oder aber man verwendet überhaupt Ziegenfrischkäse als Basis.)

Tiefgekühlten Spinat auftauen, frische Blätter waschen und in wenig heißem Öl zusammenfallen lassen, würzen, Knoblauchzehe hineinpressen und im Mixer pürieren. Dann den Topfen dazumischen, Schafkäse beifügen und noch einmal mixen oder cremig rühren. Der Aufstrich sollte zumindest eine Stunde nachziehen. Man kann für dieses Rezept auch zur Hälfte Spinat, zur Hälfte Brennnesselblätter verwenden.

Vitaminaufstrich

Für den Vitaminaufstrich wird eine cremige Basis wie z. B. Topfen gewürzt und mit fein geriebenem Gemüse vermischt.

250 g Topfen, 1 Esslöffel Joghurt, je 1 Prise Salz und Pfeffer, Gemüse je nach Jahreszeit und Geschmack (z. B. 1 Karotte, 1 grüner oder roter Paprika, ½ Salatgurke, 1 Jungzwiebel oder kleine Zwiebel oder Schalotte), 1 Radieschen, Schnittlauch zum Bestreuen

Topfen mit Joghurt glatt rühren. Gemüse raffeln und mit den Gewürzen unter den Topfen rühren. Schnittlauch fein hacken und in einem Schüsselchen zum Aufstrich stellen, damit jeder sein Brot selbst nach Wunsch mit Schnittlauch bestreuen kann.

Gefüllte Gurken

2 Salatgurken, 250 g Topfen, Salz, Pfeffer, 1 Teelöffel Senf, eine Handvoll gehackte Kräuter, 2 Knoblauchzehen

Die Gurken der Länge nach halbieren, die Kerne herausnehmen. Den Topfen mit Gewürzen, Kräutern und gepressten Knoblauchzehen gut verrühren. Die Gurken damit füllen.

Ein paar Speisen für das festliche Abendessen

Wenn es abends ein wenig feierlicher sein soll, zaubert der Koch im Stift Klosterneuburg ein paar Besonderheiten für den Abendbrottisch. Köstlichkeiten, die auch kalt serviert gut schmecken und eine festliche Tafel krönen.

Gefüllte Eier

6 hart gekochte Eier, 250 g streichfähiger Topfen, 1 gepresste Knoblauchzehe, 1 Esslöffel fein gehackte Kräuter (Kerbel, Kresse, Petersilie), etwas Pfeffer und Salz, ein paar Kapernbeeren, Salatblätter zum Anrichten

Eier schälen und der Länge nach halbieren. Den Eidotter herausnehmen und in einer Schüssel mit Topfen, Gewürzen und Kräutern gut verrühren. Mit der glatten Masse werden die Ei-Hälften gehüllt und mit Kapernbeeren garniert. Kalt stellen, vor dem Servieren auf Salatblättern anrichten.

Variation *Wenn es besonders festlich ist, kommt etwas Kaviar auf das Ei: die Eier mit einer Mischung aus Mayonaise und Sauerrahm (und dem Eidotter) füllen und obenauf etwas Kaviar setzen.*

Toast vom Feinsten

250 g Filet von Lachsforelle (oder Lachs), ohne Haut und Gräten, feines Öl zum Anbraten, Salz, Pfeffer, 4 Scheiben Toastbrot oder gutes Weißbrot, etwas Butter. Für die Kräutermayonaise 100 g Mayonaise, 1 Becher Sauerrahm, etwas Salz, 5 Esslöffel fein gehackte frische Kräuter (zum Fisch passt Kerbel, Dill, Petersilie, Schnittlauch, Estragon), zum Garnieren Kapernbeeren, Gurkenscheiben und eine Zitrone

Für die Kräutermayonaise alle Zutaten gut vermischen, kühl stellen und nachziehen lassen.
Fischfilet waschen, trocken tupfen und in vier Portionen schneiden. Etwas salzen und pfeffern. Öl in einer Pfanne erhitzen und den Fisch gut von beiden Seiten anbraten.
Die Brotscheiben mit etwas Butter bestreichen und sanft toasten. Den Fisch auf die Brotscheiben legen, mit Kapernbeeren, Gurkenscheiben und Zitronenachteln garnieren, dazu kommt ein Klacks Kräutermayonaise.

Jägerwecken

Zu besonderen Festen bereitet Schwester Serafine für die Marienschwestern vom Karmel in Linz dieses gefüllte Brot. Bei der Füllung des Jägerweckens muss man sich nicht an das Rezept halten, nur in etwa an die Mengenvorgabe. Manche Jägerwecken werden mit Schinken, Wurst, Speck, auch mit Rinderzunge gefüllt. Hier ein Vorschlag:

1 Sandwich, 150 g Wiener Wurst, 100 g Frühstücksspeck, 150 g Käse (z. B. Edamer), 3–5 Essiggurkerln, 3 hart gekochte Eier, 100 g Butter oder Margarine, 250 g Topfen, 150 g Schinkenwurst, Salz, Pfeffer, Sardellenpaste, Senf

Wurst, Speck und Käse würfelig schneiden, Essiggurkerln fein hacken, Eier schälen und hacken. In einer Schüssel Butter schaumig rühren, Topfen dazu, Salz, Pfeffer, einen guten Strang von der Sardellenpaste und vom Senf. Alles Gewürfelte dazugeben, vorsichtig und gut durchmischen.
Den Sandwich-Wecken entweder in der Mitte durchschneiden und beide Teile aushöhlen. Oder aber an einer Seite die Rundung abschneiden und von dort aus das Brot aushöhlen. Die luftigen Brotteile fein schneiden und unter die Topfen-Masse mischen. Nun alles in das Brot stopfen, fest hineindrücken.
Den Wecken in Alufolie wickeln und für zwei Stunden (oder länger) an einem kühlen Ort ruhen lassen. Vor dem Servieren in fingerdicke Scheiben schneiden.

Paradies-Erdäpfel *mit Eier*

Paradies-Äpfel – eine wundervolle Bezeichnung. Heute sagt man schlicht: Tomaten. Aber der alte Name erinnert daran, wie süß diese Früchte schmecken können, wenn man das Glück hat, eine alte Paradeispflanze zu finden und sie anzubauen. Frisch aus dem Garten schmecken die Paradies-Äpfel dann auch am besten.

1 Zwiebel, Butter zum Andünsten, 100 g Schinken, würfelig geschnitten, 3 Paradiesäpfel in Würfel geschnitten, 3–5 gekochte Erdäpfel, in Würfel geschnitten, Parmesan zum Bestreuen, gekochte Eier zum Dekorieren

---

Zwiebel schälen und fein schneiden. In einem Topf Butter zerlaufen lassen und Zwiebel gut glasig dünsten. Dann Schinken, Paradiesäpfel und die Erdäpfel hineingeben; dies alles dünsten lassen, bis die Erdäpfel weich sind.
Vor dem Anrichten gibt man etwas Parmesankäse dazu. In einer tiefen Schüssel anrichten; gekochte Eier zur Dekoration obenauf setzen.

> ❊ *Aus dem Alten Testament* ❊
>
> *Da pries ich die Freude; denn es gibt für den Menschen kein Glück unter der Sonne, es sei denn, er isst und trinkt und freut sich.*
>
> *Das soll ihn begleiten bei seiner Arbeit während der Lebenstage, die Gott ihm unter der Sonne geschenkt hat.*
>
> **Buch Kohelet 8,15**

Käsestangerln *nach Mönchsart*

Ein einfaches Salzgebäck nach einem Rezept von Zisterzienserpater Karl:

250 g Emmentaler, 250 g glattes Mehl, 250 g Butter, etwas Salz, zum Bestreichen 1 Ei, Salz, Kümmel und auf Wunsch auch Paprikapulver

---

Die Butter soll möglichst kalt verarbeitet werden. Man kann sie reiben oder in kleine Stücke zerteilen. Emmentaler reiben. Auf einer Arbeitsfläche Mehl, Käse, Butter und etwas Salz gut verkneten. Den Teig zu einer Kugel formen, einmal durchschneiden, noch einmal gut durchkneten. Nun eine Stunde kühl rasten lassen. Auf einer bemehlten Arbeitsfläche den Teig fingerdick ausrollen. Mit einem scharfen Messer in Stücke schneiden oder auch Formen ausstechen. Das Ei gut verschlagen. Den Teig mit Ei bestreichen und mit Kümmel und grobem Salz bestreuen. Eventuell auch mit Paprika. Im vorgeheizten Backrohr bei mittlerer Hitze etwa 10 Minuten backen.

TIPP *Wenn es einmal ganz schnell gehen soll, können Sie diese Käsestangen auch aus fertigem Blätterteig zubereiten. Dann allerdings sind das nicht mehr Käsestangerln „auf Mönchsart", sondern werden auf typisch weltliche Art bereitet – von Menschen, die sich wieder einmal zu viel vorgenommen haben, unter Zeitdruck stehen und schnell nebenbei etwas erledigen wollen.*

Schenken Sie sich selbst Zeit – Zeit zu kochen, zu essen und zu genießen.

Glossar

Backrohr	Backofen
Bröseln	Semmelmehl, Paniermehl
Dürre Wurst	Braunschweiger
Eidotter	Eigelb
Eiklar	Eiweiß
Eierschwammerl	Pfifferlinge
Eierspeise	Rührei
Erdäpfel	Kartoffeln
Faschiertes	Hackfleisch
Fisolen	grüne Bohnen
gebäht	aufgebacken
Germ	Hefe
glattes Mehl	fein gemahlenes Mehl
Grammeln	Grieben
griffiges Mehl	grobkörniges Mehrl
Gugelhupf	Napfkuchen
Karfiol	Blumenkohl
Kohlsprossen	Rosenkohl
Kraut (-kopf)	Weißkohl
Krautwickler	Krautrouladen
Krenwurzel	Meerrettich
Laibchen	Frikadellen, Pflanzl
Legieren	Binden mit Eigelb und Sahne
Marillen	Aprikosen
Melanzani	Aubergine
Nudelwalker	Nudelholz
Packerl	Päckchen
Palatschinken	Pfannkuchen
Paradeiser	Tomaten
Porree	Lauch
raffeln	fein reiben
Ribiseln	Johannisbeeren
Rote Rüben	Rote Beete
Sackerl	Tüte
Sandwich	Weißbrot
Sauerkraut	Weißkohl
Sauerrahm	saure Sahne
Schlagobers	Sahne
Schlegel, Schlögel	Keule
Schöpflöffel	Schöpfkelle
Semmeln	Brötchen
Topfen	Quark
Weitling, Weidling	große Schüssel
Wipferl	Knospen

Register

A

Apfelmus 61
Apfelschmarren 91
Apfelstrudel 148
Apostelbrocken 68
Auferstehungs-Suppe 132

B

B'soffener Kapuziner 68
Backofen-Kartoffeln 151
Bauernpfandl 121
Beeren Kompott 60
Benediktiner-Suppe 36
Benediktiner-Topf 118
Bischof 74
Bischofsbrot 69
Biskuitrolle 26
Biskuitroulade 26
Bohnen-Topf 83
Bratäpfel 150
Brezennudeln 89
Bröselknöderl 37

D

Dinkelbierparfait 124
Dinkelbrei nach Hildegard 17
Dinkelreispfanne oder Risotto 155
Domherren-Schnitte 132
Durstige Nonne 69

E

Eier-Omelette 92
Eiernockerln 56
Eiernudeln 58
Eingebrannte Erdäpfel 88
Engelskuchen 68
Erbsenpüree 84
Erdäpfelgratin 150
Erdäpfelgulasch 47
Erdäpfelkas 162
Erdbeer-Joghurt 60

Ewigkeitsbäckerei 69

F

Fichtenwipfel-Sirup 99
Fisch in Backteig 95
Fisch-Curry 93
Fischfilet auf Gemüse 92
Fleisch-Gemüse-Topf 43
Fleischaufstrich 157
Forelle in Folie 126
Fröhliche Bananen 61
Frühlings-Kräutersuppe 32
Frühstücksbrei 17

G

Gebackenes Gemüse 86
Gebackenes vom Lamm 107
Gefüllte Birnen 61
Gefüllte Eier 164
Gefüllte Gurken 162
Gefüllte Paradeiser 47
Gemüse auf polnische Art 84
Gemüse-Omelette 157
Gemüsebrühe 33
Gemüselaibchen 154
Gemüselasagne 55
Gemüselinsen 83
Gemüsenudeln 58
Gemüseragout 49
Gemüsesuppe 157
Gemüsetopf 87
Geröstete Knödel 88
Gnocchi 55
Gratinierte Zucchini 54
Grießfleckerln 58
Grießkoch 142
Grießschmarren 89
Grießschnitten 134
Grüne Frittatensuppe 32
Grünkernlaibchen 50

H

Habermus nach Hildegard 16
Haferbrot 21
Heiligen-Brot 24

Heiligengeist-Krapfen 70
Herrgotts B'scheißerle 97
Heurige Kartoffeln 151
Hexenkoch 75
Himbeermilch 60
Hirschragout 112
Hollerröster 90
Hühnersuppe 37

J

Jägerwecken 165

K

Kalbsvögerl 39
Kalte Gurkensuppe 159
Kapuziner-Kuchen 75
Kapuziner-Nockerln 70
Kardinal 74
Kardinal-Eier 130
Kardinalsoße 130
Karmeliterplätzchen 71
Karmelitertorte 71
Karpfen 124
Karpfen gebraten 96
Karpfen in Wurzelgemüse 95
Karpfen mit Erdäpfelkruste 124
Kartäuserpudding 71
Kartoffel-Gemüse-Auflauf 87
Kartoffel-Kräuter-Püree 45
Kartoffelbrot 24
Kartoffelnockerln 157
Käse-Fleischlaibchen 45
Käsenudeln 58
Käsesoße 50
Käsestangerln 166
Käthes Klosterkuchenteig 25
Klosterbrot 21
Klostergeheimnis-Creme 72
Klosterkipferln 26
Klosterneuburger Knödel 159
Klosterneuburger Torte 73
Kneippkuchen 23
Kohlrabi 46
Kohlrabi mit Buchweizenfülle 46
Kohlrabisuppe 34

Kräuter-Joghurt 52
Kräuter–Omelette 157
Kräuternockerln 33
Kräuterspätzle 121
Krautfleckerln 58
Krautwickler 44
Kümmelsoße 154
Kürbis-Apfel-Aufstrich 161
Kürbislaibchen 52
Kürbistopf mit Paprika 52

L

Laibchen aus Getreidekörnern 50
Lamm in Paprika 40
Lammbraten 109
Lammhaxerln 108
Lammragout 40
Liptauer-Aufstrich 161
Lungenbraten in Blätterteig 118

M

Mango-Lassi 60
Marmeladensoße 61
Milchreis 143
Mohnnudeln aus Erdäpfelteig 150
Mohnnudeln, Einfache 58
Müsli im Sinne von Hildegard 18

N

Nonnen-Fürzchen 74
Nonnen-Küsse 73
Nudelsalat 157

O

Obstsalat 60
Ofengemüse 86
Ofenkartoffeln mit Klosterkäse 151

P

Palatschinken 90
Paprikakraut 84
Paprikaschaumsuppe 104
Paradeiser mit Schafkäse 160
Paradeissugo 46
Paradies-Erdäpfel 166

Pater Karls Kloster-Sterz 152
Pater Karls Rumkugel 61
Paulaner Würste 93
Pilz-Omelette 157
Pizza-Toast 160
Plankstettner Heubraten 123
Polenta 145
Polentaplätzchen 145
Polentaplätzchen 145
Polentaschnitten 145
Porreecremesuppe 36
Propheten-Brot 25
Propst-Brot 88

R

Rehmedaillons 114
Rehragout 112
Rehschlegel in Wurzelgemüse 113
Rinderbraten mit Wurzelgemüse 114
Rindfleischsalat 157
Risipisi 106
Ritscher 83
Rote-Beete-Suppe 36
Rumkugel 61
Rumtopf 72

S

Safran-Hühnerkeule 111
Saftschnitzel 117
Salbeinudel 58
Saltimbocca Romana 104
Saure Rahmsuppe 152
Schafkoteletts 107
Schaling 89
Schinken-Omelette 157
Schinkenfleckerln 58
Schnitzel auf Wiener Art 109
Schnitzel gefüllt mit Mozzarella
und Blattspinat 106
Schokoladenkekse 75
Schrot-Bikuit 23
Schwarze Seelen 75
Selleriepüree 50
Semmelschmarren 88
Sommerliche

Quer-durch-den-Garten-Suppe 35
Soße nach St. Vinzenz 132
Spinat-Aufstrich 162
Spinatpudding 51
Striezel 24
Suppengrün 34
Süße Erdbeeren mit Minze 60
Süßer Polenta-Auflauf 145

T

Teufelspillen 75
Teufelssoße 134
Toast vom Feinsten 165
Toast, Bunter 160
Toleranz-Aufstrich 161
Tolggn 18
Tomatensoße 157
Topfenknöderl 89
Topfenpalatschinken 90

U

Ursulinen-Brezeln 25

V

Verlorene Eier nach St. Hubertus 132
Verlorene Eier nach St. Petrus 132
Vitaminaufstrich 162

W

Waldviertler Knödel 115
Wasserspatzen 148
Wurstfleckerln 58

Z

Zander in pikanter Soße 126
Zucchinipfanne 155
Zweckerln 58

In diesem Buch vorgestellte Klöster

Augustiner-Chorherrenstift Herzogenburg mit dem Stift Dürnstein
A 3130 Herzogenburg
www.stift-herzogenburg.at
www.stiftduernstein.at

Augustiner-Chorherrenstift Klosterneuburg
A 3400 Klosterneuburg
www.stift-klosterneuburg.at

Benediktinerabtei Plankstetten
D 92334 Berching
www.kloster-plankstetten.de

Benediktinerabtei Stift Altenburg
A 3591 Altenburg
www.stift-altenburg.at

Benediktinerabtei „Unserer lieben Frau zu den Schotten"
A 1010 Wien, Schottenstift
www.schottenstift.at
www.schottenobst.at

Benediktinerabtei Weltenburg
Das Kloster in Kelheim-Weltenburg mit der Klosterschenke
D 93309 Kelheim
www.kloster-weltenburg.de
www.klosterschenke-weltenburg.de

Benediktinerinnenabtei Frauenwörth
D 83256 Frauenchiemsee
www.frauenwoerth.de

Benediktinerinnenabtei Sankt Hildegard
D 65378 Rüdesheim am Rhein
www.abtei-st-hildegard.de
Auf der Homepage der Schwestern kann man auch Dinkelrezepte nachlesen.

Benediktinerinnenkloster "Unserer Lieben Frau" Habsthal
D 88356 Ostrach - Habsthal
www.kloster-habsthal.de

Kloster Marienburg der Benediktinerinnen von der ewigen Anbetung
D 79793 Wutöschingen-Ofteringen
Die Schwestern haben keine Homepage.

Kuranstalt der Barmherzigen Brüder in Schärding
A 4780 Schärding am Inn
www.barmherzige-brueder.at

Maria im Paradies
A 5621 St. Veit im Pongau. Telefon (0043) 06415 7022 (Fax 11)
Die Schwestern von der Kinderalm haben keinen Internetanschluss.

„Maria-Königin der Engel" Dominikanerinnenkloster
D 86825 Bad Wörishofen
www.dominikanerinnen.de

Mariannhiller Missionsschwestern vom kostbaren Blut
A 9241 Klostergut Wernberg
www.klosterwernberg.at
Buchtipp: Sr. Hedwig-Maria Prommegger: „Rezepte & Kräutertipps",
Benno Verlag, Leipzig

Marienschwestern vom Karmel
A 4020 Linz
www.marienschwestern.at

Prämonstratenser-Chorherrenstift Geras
A 2093 Geras
www.stiftgeras.at

Stift Gurk
A 9342 Gurk
wird von den Schwestern in Wernberg betreut
www.kath-kirche-kaernten.at

Zisterzienserinnenabtei Marienkron
A 7123 Mönchhof
www.marienkron.at

Zisterzienserstift Heiligenkreuz
A 2532 Heiligenkreuz
www.stift-heiligenkreuz.at

Zisterzienserstift Zwettl
A 3910 Zwettl
www.stift-zwettl.at

Seit Jahrtausenden bewährt!

Die legendäre Getreideart ist eine der ältesten, die in unseren Breiten angebaut wird. Gegenüber dem heute dominierenden Weizen liegt Dinkel vom gesundheitlichen Aspekt weit vorne.

Seine kräftigen Wurzeln nehmen die Nährstoffe des Bodens besser auf und seine durch den Spelz gut geschützten Samen sind hervorragend gegen Umweltgifte geschützt. Er ist reich an Eiweiß und Mineralstoffen und leicht verdaulich. Durch seinen hohen Klebergehalt und seine Quellfähigkeit sind ihm beim Backen und Kochen keine Grenzen gesetzt.

144 Seiten, 19,8 x 25,5 cm, gebunden, durchgängig vierfarbig
ISBN 978-3-86214-032-9
[D] 14,95 € [A] 15,40 € [CH] 23,50 SFr*

www.allpart-verlag.de

Nicht nur im Salat...

Dieser aufwändig gestaltete Bildband gewährt dem Leser nicht nur einen umfangreichen Einblick in die Produktion italienischen Essigs, sondern auch in die kulturgeschichtliche Entwicklung der Essigproduktion in der Welt.

Viele historische Dokumente, Fotografien und eine Sammlung leckerer Rezepte machen dieses Buch zu einem idealen Geschenk. Nicht nur für Hobbyköche, sondern auch für die wein- und kulturgeschichtlich Interessierten.

224 Seiten, durchgängig vierfarbig
ISBN 978-3-86214-036-7
[D] 19,95 € [A] 20,60 € [CH] 30,50 SFr*

www.allpart-verlag.de

Oliver's Kochschule

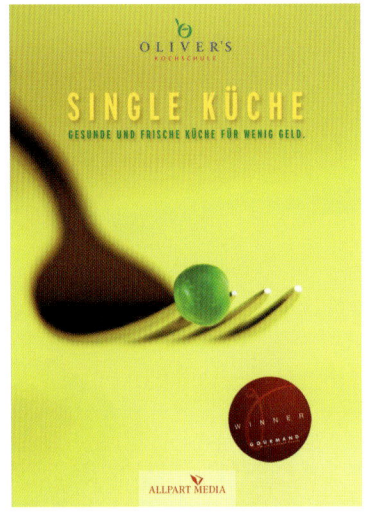

Leckere Gerichte für die einfache und schnelle Küche. Mit regionalen frischen Produkten kommt Gesundes auf den Tisch, auch für Kochanfänger. Angereichert mit praktischen Tipps, Produktinfos und appetitanregenden Texten.

128 Seiten, durchgängig vierfarbig
ISBN 978-3-86214-003-9
[D] 14,95 € [A] 15,40 € [CH] 23,50 SFr*

Das sind die schnellen, aber gesunden Rezepte für den hektischen Alltag. Aber nicht zu verwechseln mit Fertignahrung aus dem Supermarkt. In dreißig Minuten mit wenigen Produkten frisch auf den Tisch.

128 Seiten, durchgängig vierfarbig
ISBN 978-3-86214-015-2
[D] 14,95 € [A] 15,40 € [CH] 23,50 SFr*

Zusammen mit den Mitgliedern seines Clubs der Gastrosophen präsentiert Oliver Schneider in diesem Band seiner Kochschule beste traditionelle Regionalküche. Als Beilagen gibt es viele Tipps und Tricks aus Omas Rezeptbuch.

128 Seiten, durchgängig vierfarbig
ISBN 978-3-86214-014-5
[D] 14,95 € [A] 15,40 € [CH] 23,50 SFr*

Erotik muss nicht immer teuer sein. Die raffinierten und sinnlichen Rezepte lenken nicht vom Wesentlichen ab. Die Leichtigkeit der Zubereitung lässt den Aufenthalt in der Küche auch anderweitig nutzen.

128 Seiten, durchgängig vierfarbig
ISBN 978-3-86214-002-2
[D] 14,95 € [A] 15,40 € [CH] 23,50 SFr*